Pourquoi la Renaissance peut sauver le monde

L'imagination comme chemin

Du même auteur

L'Humanisme de Pic de la Mirandole.
L'esprit en gloire de métamorphoses, Vrin, 2002.

Pour Pierre Safa, mon père,
ce géant.

Pour N., mon frère
trop tôt disparu.

« Qu'un jour, un seul, se fasse le silence.
Je pourrais alors en pensée multiforme
[…] À toute existence t'offrir
Comme un remerciement. »

Rainer Maria Rilke, *Livre d'heures*.

« Toute imagination humaine provient du cœur. »

Paracelse.

« En nous montrant le but, montrez-nous le chemin,
Car l'enchevêtrement des moyens et des fins,
Veut qu'en changeant les uns vous transformiez les autres ;
Chaque nouveau sentier découvre un but nouveau. »

Arthur Koestler, *Le Zéro et l'Infini*.

Ce livre a été inspiré par une série de conférences données à l'École polytechnique, à l'École des mines et à l'École des arts et métiers, ainsi que dans plusieurs grandes entreprises (Caisse d'Épargne, Société Générale, groupe Batigère, Merck, chambre de commerce et d'industrie…) et start-up.

Avant-propos

Un déficit de récit collectif

Notre modernité se caractérise par une difficulté croissante à entrer en relation avec l'avenir. Celui-ci est souvent vécu comme source d'inquiétude, voire de peur. Pourtant, nous savons depuis le beau livre de Jean Delumeau[1] que nous avons maîtrisé la plupart des peurs qui paralysaient l'Occident au Moyen Âge et à la Renaissance : peur de la nuit, de la mer, de la famine, de la peste, de perdre le salut de son âme, des sorcières, de leurs maléfices... Pour autant, cela ne nous empêche pas de continuer à entretenir un sentiment de peur, peut-être plus diffus, mais non moins encombrant.

Sans doute parce qu'une chose importante nous manque, aujourd'hui : notre capacité à nous projeter. L'avenir n'est plus cet horizon dont la contemplation nous gonfle de joie. Il faut relire les pages des *Misérables* de Victor Hugo sur le progrès pour se remémorer à quel point il était au XIXe siècle un moteur

1. Jean Delumeau, *La Peur en Occident*, Fayard, 1978.

puissant d'espoir et de confiance dans la transformation du monde pour le meilleur. « Que ceux qui ne veulent pas de l'avenir y réfléchissent. En disant non au progrès, ce n'est point l'avenir qu'ils condamnent, c'est eux-mêmes. Ils se donnent une maladie sombre ; ils s'inoculent le passé. Il n'y a qu'une manière de refuser demain, c'est de mourir. »

Le propos de Victor Hugo est d'une étonnante actualité. L'avenir n'est-il pas vu par nos contemporains comme étouffant et anxiogène ? Même la science dans laquelle nous avions mis tous nos espoirs est devenue un objet de suspicion. La crise du COVID-19 a confronté brutalement le grand public à la difficulté des chercheurs et des scientifiques à parler d'une même voix. Ce qui contribue à entretenir le système de défiance qui caractérise nos sociétés.

L'imaginaire du XXIe siècle, à en croire la profusion des récits dystopiques, semble se déployer de manière crépusculaire.

Cependant la relation que nous avons avec notre passé n'est pas tout à fait apaisée. Ne trouve-t-on pas autour de nous cette tentation de l'oubli, de faire table rase ? Comme si nous avions donné à Nietzsche procuration pour gérer notre rapport à l'histoire. Le philosophe allemand se méfie en effet de la mémoire qu'il voit comme un danger. Il faut savoir oublier pour vivre, oublier pour libérer sa puissance créatrice. Se méfier du poids d'un passé qui risque de fossiliser la vie.

La filiation est-elle forcément maudite ? Faut-il faire table rase du passé pour pouvoir vivre[1] ?

Peter Sloterdijk, dans son livre *Après nous le déluge*, fustige l'atrophie de notre mémoire et la dissolution du lien généalogique. Quand la mode l'emporte sur les mœurs, non seulement l'héritage culturel est mis en péril, mais c'est notre rapport au futur qui devient, selon lui, une continuelle « chute en avant ». Hannah Arendt avait déjà formulé cette idée pénétrante selon laquelle passé et avenir sont indéfectiblement liés. L'homme moderne se caractérise par la volonté de trouver la fondation en lui-même, que ce soit sur le plan de la pensée ou de la politique. Il en résulte une « brèche dans le temps », une rupture qui affecte l'avenir sous forme de perte de repères et de sentiment de crise permanente. Comment évaluer le présent sans le soutien d'une tradition qui m'aide à « penser ce qui arrive » ? Pour illustrer cette discontinuité temporelle, Arendt convoque la parabole de Kafka qui met en scène un homme pris, comme dans un étau, entre deux

1. C'est ce que notre modernité donne à penser, à en croire les deux principaux récits mémoriels qui sont mobilisés aujourd'hui : soit nostalgique, soit victimaire. L'historien Sébastien Ledoux plaide en faveur d'une troisième voie qui semble prometteuse, celle d'une narration fondée « sur l'histoire de la chose publique qui soit émancipatrice et non patrimoniale, victimaire, populiste ou néolibérale ». Voir *La Nation en récit des années 1970 à nos jours*, Belin, 2021.

forces contraires : le passé et l'avenir. Le sol où l'homme est supposé prendre pied est plus « un champ de bataille qu'un foyer[1] ».

Habitons-nous le monde comme un champ de bataille plutôt qu'un foyer ?

Force est de constater que nous n'avons plus de grandes philosophies de l'histoire, celles-là mêmes qui connurent leur apogée au XIXe siècle et qui voyaient dans l'histoire de l'humanité un cheminement vers son propre accomplissement. Il semble loin, le temps de Hegel qui cherchait à dégager le sens de l'histoire à partir des événements révolus. Pour le philosophe allemand, c'est la raison elle-même qui serait à l'œuvre dans le monde, et l'on ne pourra comprendre sa pleine portée qu'à la nuit des temps. Difficile pour nous de voir l'œuvre de la raison dans une planète qui semble parfois avoir perdu la boussole.

Et encore plus loin semble le temps de Bossuet pour qui « tout s'avance avec une suite réglée », car c'est Dieu lui-même qui règne sur tous les peuples, laissant agir la Providence.

Il est bien sûr difficile d'accommoder les événements tragiques d'un XXe siècle fait de bruit et de fureur avec une philosophie de l'histoire conçue comme révélation progressive de l'Esprit. Les pages de Joachim de Flore,

1. Hannah Arendt, *La Crise de la culture*, Gallimard, 1972.

à qui l'on attribue *L'Évangile éternel*, nous semblent inaudibles aujourd'hui quand il annonce en des accents prophétiques l'imminence de l'avènement de l'Esprit. L'histoire de l'humanité se divise, selon lui, en trois âges : celui du Père, révolu, celui du Fils, sur le point de finir, et celui de l'Esprit, sur le point d'advenir. Selon ses pronostics, nous serions aujourd'hui dans l'âge d'une grâce surabondante, celui de la liberté, de la charité et de l'enfance. Qui n'aimerait le croire? En tout cas, l'on ne peut qu'admirer, incrédules, l'effort titanesque du moine cistercien du XIIe siècle pour forcer les portes de l'avenir. Avec lui, l'incertitude, le hasard, l'accident tirent leur révérence et restent au seuil de l'histoire.

Plus de philosophies de l'histoire[1] et peu ou prou d'idéologies, comprises comme «l'ensemble des mécanismes symboliques grâce auxquels l'homme se comprend dans une culture donnée[2]». L'opposition tenace, qui a structuré une partie du XXe siècle, entre marxisme et capitalisme, a laissé le champ libre à l'hyperlibéralisme, qui est le modèle dominant aujourd'hui et qui pourtant peine à proposer un récit d'avenir en matière de progrès social et d'émancipation.

---

1. Bien que pourvoyeuse de sens, la philosophie de l'histoire a ses détracteurs. L'épistémologue Karl Popper voit dans les philosophies de l'histoire un danger politique car elles sont annonciatrices du totalitarisme. Il dénonce en effet la dimension globaliste, totalisante et fataliste de ce qu'il qualifie d'historicisme, invitant plutôt à un pluralisme critique qui garde l'avenir ouvert.
2. Paul Ricœur, *L'Idéologie et l'utopie*, Le Seuil, 1997.

L'affaissement du religieux, dont on connaît la puissance fédératrice, affaiblit le fonds commun qui nous relie, contribuant un peu plus à « organiser » la crise du sens.

L'attente exceptionnelle de sens dans nos sociétés en dit long sur cette absence d'identité narrative dont les réseaux sociaux sont souvent le contrepoint. Quand les individus sont hyperconnectés au détriment d'être liés et ne voient dans le monde qu'un théâtre dont ils sont les spectateurs désengagés, cela traduit l'absence d'un récit commun, lui seul capable de donner au groupe la perception de sa cohérence.

Ce déficit de récit collectif creuse toujours un peu plus l'individualisme qui est la plus grande menace qui pèse sur nos sociétés. Il n'y a rien de plus pernicieux pour la vie démocratique, considérait Raymond Aron, que l'individu qui se croit délié de toute forme de loyauté supérieure. Loin d'être sans conséquence, l'individualisme érode le sentiment d'appartenance collective et porte atteinte à la cohésion de la société.

Pourquoi la Renaissance ?

La question qu'il faut se poser est la suivante : quels sont les nouveaux récits qui nous agrègent, nous mobilisent, nous donnent une direction ?

De quelle nature sont nos projections narratives? L'avenir est-il encore un «produit» d'avenir, justement? Sommes-nous prêts à parier pour de nouvelles trajectoires de progrès et de sens?

La Renaissance est un terreau privilégié pour y répondre. Comme nous, les hommes de ce temps-là ont traversé des crises profondes et multiples.

La fameuse peste noire, qui a décimé plus du tiers de la population européenne, a créé un désastre humain et économique. Sans compter l'effondrement des deux grandes banques italiennes Bardi et Peruzzi, qui ont entraîné dans leur sillage de nombreuses entreprises.

C'est aussi le temps des grands bouleversements sociaux. Le peuple des maigres qu'on oppose au peuple des gras va se révolter contre des conditions de vie misérables.

Les scribes ne seront pas en reste, eux qui verront d'un très mauvais œil l'arrivée de cette révolution technique qu'est l'imprimerie, craignant pour leur emploi. Ce qui évidemment nous fait penser à notre propre transition numérique et à la profonde transformation du monde du travail.

En perte de fondations, les hommes de la Renaissance ont dû apprendre à se réinventer. Ils nous ouvrent donc un chemin, nous apprenant que les crises sont des opportunités extraordinaires d'innovation et d'amélioration de nos sociétés.

Premier constat : aucune époque n'a autant vécu pour l'imagination que la Renaissance.

Aucune n'en a fait un tel usage de créativité, de conquête et de rassemblement. Elle est la « vertu » du poète, de l'artiste, du découvreur, de l'innovateur, du héros. Mais, plus que tout encore, la Renaissance nous apprend que l'imagination est la structure relationnelle par excellence. Elle est le lien des liens, elle unit ce qui est séparé, elle réconcilie les contraires, et l'homme avec lui-même. Elle réenchante le monde, ranime la foi sans laquelle rien de grand n'est possible.

Alors que nous vivons dans un monde de plus en plus complexe et dynamique, où l'accélération permanente du temps phagocyte dangereusement l'exercice de la pensée, l'imagination apparaît comme le plus précieux des relais.

Elle nous apporte d'indispensables repères dans un monde souvent déboussolé.

Renouer avec la Renaissance, c'est faire le pari, à travers une lecture du passé, que notre propre Renaissance est toujours à venir.

1

L'imagination : un anti-destin

Faire face à l'imprévisible

Dans la continuité du XVIIe siècle cartésien, nous favorisons les approches rationnelles et analytiques au détriment des potentialités de l'imaginaire. Nos sociétés du bien-être et de la sécurité à outrance ont réduit notre capacité à faire face à l'imprévisible d'où notre désir accru de contrôle.

Or, s'il est une leçon clé que nous livrent les penseurs de la Renaissance, elle est dans cette conviction : il ne sert à rien de prévoir dans un monde sujet au changement, aux vicissitudes. L'incertitude est, pour eux, une figure de la vitalité, pas de l'anxiété. Les fragments d'Héraclite ont une vertu médicinale. S'enfermer dans des systèmes de prédiction et de calcul est la voie la plus sûre pour appauvrir le réel. « Ne faites qu'un avec le monde, nous lance Pic de la Mirandole, désirez le changement qui le caractérise, privilégiez la souplesse, imaginez en permanence les frontières du possible, tenez-vous prêt à pivoter au moment opportun. »

Pour que nos systèmes puissent se renouveler et perdurer, il est essentiel d'accueillir l'imprévu. Chercher coûte que coûte à encadrer le risque à force de calculs de probabilité peut en effet nuire à l'esprit d'innovation que requièrent les temps d'incertitude.

C'est l'une des intuitions fulgurantes de la Renaissance : face à un monde qui se transforme à toute vitesse, ne faudrait-il pas explorer nos organisations au-delà de nos savoirs ? Et tenter de retrouver la fonction dynamisante de l'inconnu qui favorise les grandes découvertes ?

La théorie CK (Concept-Knowledge) de conception innovante, aujourd'hui utilisée dans de nombreuses entreprises, semble pétrie par l'imaginaire des XVe et XVIe siècles. Cette théorie est une modélisation de la démarche d'innovation. Elle cherche à surmonter les blocages cognitifs et à stimuler les capacités créatives. L'espace C représente le monde du possible, celui où l'on s'autorise, par l'imagination, à explorer de nouveaux concepts. L'espace K représente la bibliothèque des connaissances qui va permettre de transposer les nouvelles idées, souvent disruptives, dans la réalité. Cette théorie réunit deux mondes trop souvent séparés, celui de la créativité et celui de la connaissance.

Armand Hatchuel, l'un des théoriciens de la théorie CK de conception innovante, considère que l'inconnu a une valeur en lui-même que l'on aurait tort de sous-estimer lors de la conception de projets innovants. Ces derniers sont généralement soumis à l'approche classique de l'évaluation des coûts et bénéfices, approche prudentielle certes, mais qui restreint le possible. Or, nous dit-il, la démarche d'exploration, soutenue par une imagination féconde, est déterminante dans l'innovation car elle donne sa pleine valeur à l'inconnu. Elle fait de l'imprévu une dimension de l'innovation. « Ce travail d'exploration permet de renouveler les hypothèses initiales issues de la théorie probabiliste de la décision et de découvrir de nouvelles applications » aux idées de départ de telle sorte que « le succès ou l'échec du projet dépendront de la capacité collective à reconnaître, valoriser ou limiter l'inconnu[1] ».

Machiavel le savait déjà, lui qui parlait de l'avenir comme ce temps ouvert et forcément incertain. Dont acte. Emboîtons le pas à ce temps volage, semble-t-il nous dire, apprivoisons ses écarts, tolérons ses embardées plutôt que de le tenir en bride. L'inconnu est un précieux allié qui stimule les forces créatives. Face à lui, il faut agir. Et surtout accompagner l'action plutôt qu'à chercher à la maîtriser. En un mot, développons l'esprit de découverte et d'innovation.

1. Chronique d'Armand Hatchuel, « Peut-on estimer la valeur de l'inconnu ? », *Le Monde*, 26 mai 2021.

Pour le maître florentin, nous y reviendrons, l'avenir ne peut appartenir à ceux qui cultivent la logique du simple retour sur investissement.

C'est l'imagination qui apporte sa dose d'étrangeté dans un monde trop conformiste. Elle nous projette dans un temps de déploiement. Elle est une puissance sans égale de transfiguration du réel. C'est en tant que telle que cette faculté typiquement « renaissante » « vient nous chercher » au XXIe siècle, pour favoriser les émergences et les renouvellements.

Ouvrir l'avenir

C'est indéniablement le rôle que joue l'utopie, genre qui prospère à la Renaissance.

Plus qu'un système figé de perfection, il importe de voir en elle un état d'esprit, une disposition à l'expérimentation. En effet, par l'utopie nous posons l'existence d'un monde idéal, certes, mais c'est cet idéal qui va permettre d'enclencher une trajectoire pour améliorer les règles de la société. C'est parce qu'il y a un monde qui est d'abord rêvé et fantasmé qu'il peut y avoir ensuite une modification du réel. C'est peut-être parce qu'il y a eu un rêveur du nom de Kepler qui a imaginé, dans *Le Songe ou l'Astronomie lunaire* (1608), que l'homme pourrait se mettre à la conquête de la Lune, en inventant des vaisseaux volants, qu'un jour l'homme a réellement mis les pieds sur la Lune. C'est sans doute parce qu'il y a eu des alchimistes en quête de la pierre philosophale, idéal impossible à atteindre, que la physique a pu comprendre les lois de la matière et de l'atome.

Et c'est parce qu'il y a des utopistes qui expérimentent aujourd'hui, par exemple, des modèles de ville généreuse ou d'économie au service de la vie qu'on parvient à repousser les frontières du possible vers un futur plus avenant, plus durable et inclusif.

N'est-ce pas ce dont relève aujourd'hui l'économie circulaire ? Celle-ci répond au gaspillage de l'économie linéaire traditionnelle par une logique de création et de recyclage. Pour répondre aux menaces qui pèsent sur la Terre, l'économie circulaire rompt avec le processus « fabriquer-utiliser-jeter » en concevant chaque déchet comme le point de départ d'un nouveau processus de production. Et cela vaut autant pour les matériaux biologiques que les matériaux techniques (plastique, métaux, produits de synthèse…), conçus en vue de leur rénovation ou de leur recyclage.

L'économie circulaire open source, bien qu'à ses balbutiements, est un exemple très prometteur de cette économie régénérative. Elle repose sur « un logiciel libre et ouvert, en créant les communs du savoir nécessaires à réaliser tout le potentiel de la production circulaire[1] ». C'est ainsi qu'au Togo, par exemple, une équipe d'architectes a pu fabriquer son propre modèle d'imprimantes 3D open source en utilisant des composants technologiques d'ordinateurs, d'imprimantes et de scanners abandonnés en Afrique occidentale.

Dans le même esprit, on peut citer l'initiative de l'un des promoteurs de la monnaie complémentaire, Bernard Lietaer, qui a redonné une nouvelle vie à un quartier défavorisé de Gand, par la création du toreke, monnaie à valeur sociale. Les habitants ont été sondés. Dans leur grande majorité, ils souhaitaient cultiver un lopin de terre. Pour ce faire, ils devaient d'abord gagner des torekes en accomplissant des tâches bénévoles, bénéfiques à la collectivité[2], comme ramasser les ordures, replanter les jardins publics, ou encore en pratiquant le covoiturage. Le résultat est assez étonnant puisque l'initiative a non seulement insufflé une dynamique vertueuse à la ville, mais elle a contribué à changer le regard des habitants sur les populations immigrées. Celles-ci devenaient, au même titre que les autochtones, des contributrices actives à la prospérité de la ville.

Ces initiatives originales, qui essaiment un peu partout dans le monde, nous laissent entrevoir à grandes lignes le monde de demain.

1. Kate Raworth, *La Théorie du Donut. L'économie de demain en 7 principes*, Plon, 2018.
2. Exemples tirés de *La Théorie du Donut, op. cit.*

Quand l'imagination est mise au service du développement humain et social, son potentiel régénératif est immense. Ne sous-estimons pas la force de nos récits. Ils sont un ressort d'action très puissant qu'il serait judicieux de développer méthodiquement dès le plus jeune âge.

Décloisonner les savoirs

Et si la réforme de nos systèmes éducatifs devenait l'une des priorités du XXIe siècle ? Outre les inégalités que notre système engendre, celui-ci ne semble pas toujours adapté aux transformations profondes de notre modernité : bouleversements technologiques, transformations du monde du travail, évolution des métiers…

Les humanistes de la Renaissance ont mis en place une pédagogie qui reste d'une modernité étonnante. Faisons le pari qu'ils peuvent contribuer encore à nous insuffler l'esprit de nouveauté.

Les humanistes cherchent tout d'abord à modifier les programmes et à bouleverser l'organisation des cours. Dans son œuvre, Rabelais dénonce la passivité de l'élève dans l'enseignement. Pour lui, la véritable pédagogie en appelle toujours à l'intelligence de l'élève qui participe de manière active à sa propre éducation par l'observation et l'expérimentation.

Mais l'innovation pédagogique essentielle est ailleurs. En porte-à-faux avec le savoir fragmenté qui caractérise encore notre système éducatif, elle réside dans le décloisonnement disciplinaire. L'enseignement se doit d'être très diversifié. Il faut multiplier les savoirs qui sont autant de postes d'observation du monde, pour ne pas former des esprits sclérosés et dogmatiques.

Un Rabelais serait très étonné, par exemple, d'apprendre que notre système éducatif est tourné vers la spécialisation. N'y a-t-il pas un paradoxe à trop se spécialiser dans un environnement qui change en permanence ? Nous savons aujourd'hui qu'une grande majorité de jeunes n'aura pas un seul emploi au cours de sa vie mais plusieurs. N'est-ce pas une raison suffisante pour renouer avec l'idéal de l'homme universel de la Renaissance dont l'ingénieur nous offre un prototype ? En effet, celui-ci n'est pas un spécialiste. Il a des connaissances très larges et une forme de dilettantisme qui lui permet d'évoluer de l'architecture à la peinture, de l'orfèvrerie aux mathématiques.

Léonard de Vinci en est l'exemple. Il opère à travers son œuvre une union sans précédent entre art et technique. Comment s'étonner alors de la production d'œuvres visionnaires ? On connaît ses dessins fascinants qui ont été qualifiés de « rêve technologique ». L'un des plus célèbres d'entre eux est l'ornithoptère, ou machine volante. Les croquis peuvent aujourd'hui prêter à sourire tant ils sont irréalisables. Mais l'objectif n'est pas tellement de savoir si le projet est réaliste que de libérer l'imagination, sans contrainte aucune, car elle permet, en inventant des mondes, de réorganiser les besoins de l'homme et d'avoir en ce sens une conjecture d'avance vis-à-vis du réel.

Pour qualifier un enfant qui n'a pas réalisé son potentiel, Saint-Exupéry, dans *Terre des hommes*, a usé d'une formule devenue proverbiale : « C'est Mozart qu'on assassine. » Et si nous nous demandions combien de Léonard de Vinci nous pourrions révéler ? Comment perpétuer dans notre monde globalisé cette interpénétration des savoirs qui caractérise la Renaissance ? Comment faire en sorte que les activités puissent se croiser pour stimuler la créativité ? On sait que, au *Quattrocento*, artistes, sculpteurs, orfèvres se retrouvent dans des œuvres communes, ce qui favorise l'esprit d'innovation et permet l'émergence d'un univers expérimental.

Nous pourrions, dès l'école sans doute, mettre mieux en œuvre l'esprit de coopération plutôt que de compétition. D'autant que l'outil numérique favorise le partage des informations et la circulation des connaissances. Et surtout reconnaître la pluralité des excellences en ne définissant pas un profil type de réussite mais en intégrant mieux dans le système la diversité des compétences que requiert notre XXIe siècle. À ce titre, il reste à davantage explorer sans doute les ressources de l'imagination comme capital d'avenir.

1500 : le tout premier livre sur l'imagination voit le jour

Il n'est pas anodin que le XVIe siècle voie le jour avec le tout premier livre sur l'imagination.

C'est Jean-François Pic de la Mirandole, neveu de l'illustre humaniste, qui consacrera un traité entier à cette faculté, le *De imaginatione*. Ce livre est singulièrement novateur et nous parle encore aujourd'hui. Car l'auteur, bien avant les travaux d'António Damásio, y reconnaît le rôle fondamental joué par l'émotion dans l'action, qu'elle soit rhétorique ou créative, qu'elle soit utilisée pour convaincre ou pour conduire le changement.

Le contexte de la publication est particulier. L'Italie, secouée par des guerres fratricides, est en crise. Pour Savonarole, il faut sauver Florence, mais cela ne peut se faire qu'au prix d'une conversion. Trop de fêtes païennes, de lectures profanes, de carnavals burlesques. Les poètes y ont pris leur part. Pour le prédicateur, leurs symboles, leurs images séduisent les sens et font barrage à la vérité. Elles ne sont que « l'écorce de la lettre», artificielle, vaine et prétentieuse. S'il faut à Savonarole une coupable, elle est donc toute désignée : c'est l'imagination. Fait aggravant : l'imagination est une puissance de création. Par elle, l'homme devient le rival de Dieu ! Il n'est d'autre verdict sensé que celui d'en expédier les produits au bûcher des vanités. Quant aux poètes, qu'ils soient expulsés de la cité avec leurs figures de style, leurs métaphores et autres allégories ! C'est la «simplicité» qui a désormais droit de cité, elle seule permettra aux Florentins d'agir dans le sens exigé par la foi.

Jean-François Pic de la Mirandole, bien qu'adepte de Savonarole et de son projet de réforme de l'Église, va donc faire une entorse à cette amitié en remettant l'imagination au centre de sa réflexion anthropologique. Pic de la Mirandole ne croit pas à la contemplation pure, même dans le domaine spirituel. Pour lui, seule l'imagination peut émouvoir, seule l'imagination peut toucher les sens, peut convaincre et mettre l'homme dans une logique d'adhésion. En cela il reprend à son compte la tradition philosophique qui fait de l'imagination une médiatrice entre le corps et l'âme, entre les sens et l'intellect, mais il lui donne une plus vaste portée encore, plus combative. Elle est un rempart contre la verticalité de l'intelligence et du pouvoir[1].

1. Dans la philosophie antique, l'imagination joue le rôle de médiateur entre le monde extérieur et l'esprit qui l'appréhende. Aristote, dans son *De anima*, est l'un des premiers à concevoir l'imagination comme cette courroie de transmission.

Il est donc vain de penser que le discours persuasif peut se passer des atours de la séduction. L'adage cicéronien « instruire, plaire, émouvoir » est plus que jamais actuel pour le philosophe florentin. Convaincre sur le seul plan rationnel engage une adhésion formelle, de surface. Or un discours pour être efficace doit utiliser des images suggestives et attrayantes, bien plus capables de faire pressentir les enjeux en présence que le simple concept[1].

Mais ce n'est pas tout. L'imagination a pour Jean-François Pic de la Mirandole une fonction dynamique. Elle suscite le désir, elle met en mouvement. Elle est une manière d'être et d'agir dans le monde, dirait l'auteur du *De imaginatione* aux managers chez qui on observe parfois un découplage entre la raison et la sensibilité, une censure voire une paralysie des émotions induite par la posture de maîtrise.

Le dirigeant d'une grande entreprise à qui on demandait de témoigner sur son expérience du leadership a répondu : « Quand on est hyperintelligent, trop rationnel, on est incapable de diriger quoi que ce soit. Le fil directeur essentiel est d'aimer les gens, de cultiver la qualité des relations qu'on peut avoir avec eux à tous les niveaux. C'est l'essentiel. Les réalisations, tout le monde les oublie. Et puis, cultiver l'humour ! Avec tout ce que cela suppose : un art de vivre, bien sûr,

1. « L'air et la manière se font sentir et agissent dans l'imagination des hommes plus vivement que les discours les plus froids qui sont prononcés de sang-froid » (*De imaginatione*).

mais aussi la redoutable capacité de savoir se remettre en question. Surtout pour un leader.»

Jean-François Pic de la Mirandole ne dirait pas autre chose : être dans la pure rationalité intellectuelle nous prive non seulement de la connexion à nous-mêmes mais aussi aux autres.

L'imagination n'est donc pas seulement vue comme un outil de créativité. Elle est cette grande lieuse sans laquelle nous risquons de basculer vers une «atomisation de la société», celle-là même qui nourrit les systèmes totalitaires, d'après Hannah Arendt. Me donnant accès à la sensibilité, elle me nourrit du monde, elle m'en donne la chair. Ce faisant, elle agrège les hommes et devient le plus précieux des outils de ralliement, que ce soit dans la sphère politique ou celle de l'entreprise.

Les philosophes contemporains de l'intersubjectivité feraient volontiers écho au philosophe florentin car, pour eux, notamment Maurice Merleau-Ponty, l'expérience du langage est l'expérience du corps propre, de l'être incarné, de telle sorte qu'il est impossible d'être sans être avec.

Dès lors, comment penser les grandes transformations requises par les défis actuels, écologiques, sociaux, politiques… sans trouver de nouveaux récits pour nous réinventer? Comment construire un monde autre s'il n'a pas tout d'abord été rêvé, désiré, espéré?

Pour Jean-François Pic de la Mirandole, l'imagination n'enfante pas seulement des chefs-d'œuvre artistiques. Elle est l'agent transformationnel par excellence, le levier des grandes métamorphoses.

C'est sous son impulsion que nous pouvons espérer un monde meilleur et non par l'exercice formel de la seule intelligence.

L'auteur du *De imaginatione* semble donc nous mettre en garde : attention à ne pas devenir des Savonarole de la raison, c'est-à-dire évacuer de nos décisions l'émotion et la sensibilité sans lesquelles il est difficile de se projeter dans un système de valeurs, dans une vision commune de l'avenir.

L'imagination chez Montaigne : expérience de décentrement

Michel de Montaigne fait énergiquement écho à son prédécesseur italien. Il va démonter dans son œuvre, brique par brique, l'arrogance d'une raison omnipotente.

Lui qui stigmatisait l'excès de rationalité comme « vaine rêverie et songe » ne pourrait-il être l'interlocuteur privilégié de nos contemporains ? Que dirait-il, en effet, des entreprises du XXIe siècle, engagées dans des processus et des dispositifs « silotés » complexes[1], que ce soit en matière de stratégie, d'organisation ou de processus administratifs ? N'en viennent-elles pas à perdre la fluidité et l'adaptabilité requises par les défis d'un monde où la disruption fait loi et où l'évolution darwinienne trouve un nouveau terrain de jeux ?

Imaginons Montaigne en consultant lors d'une réunion au 37e étage de l'une des tours d'une multinationale. Il écoute tout d'abord, longuement, les échanges des uns et des autres. La réunion est animée, les protagonistes campent sur leurs positions. L'harmonie semble être de façade.

Le philosophe hésite. Gardera-t-il un silence philosophique qu'il appartiendra à ses « clients » d'interpréter ?

---

1. Voir l'analyse de Rend Stephan (sur Umanz.fr) : *RIP incrémental : pour en finir avec la complexité furtive.* « Ainsi, nos stratégies deviennent rapidement des monstres de complexité lorsqu'on y ajoute de façon incrémentale de nouveaux types de clients, de produits, de services, de partenariats, de géographies, de canaux de distributions, dispersant le focus et la concentration de ressources.

« Nos organisations deviennent rapidement des monstres de complexité lorsqu'on y ajoute, toujours de façon incrémentale, des strates, des connections hybrides, des liaisons matricielles, des duplications de gouvernances, des centralisations et consolidations, diluant la responsabilité, et affectant l'agilité et la transparence.

« Nos opérations deviennent rapidement des monstres de complexité en y ajoutant de façon incrémentale des extensions d'usines, des variations infinies, des multitudes de processus complexes, plein de contrôles pour gérer les exceptions, des indicateurs multidimensionnels, freinant la productivité et la performance, et fragilisant nos systèmes. »

Après tout, lors des guerres de Religion entre catholiques et protestants, il n'avait jamais pris parti, décidant, par son silence, de renvoyer dos à dos les belligérants. Mais la situation est différente cette fois-ci. L'entreprise lui paye un gros cachet qui lui sera bien utile pour restaurer son château. Impossible de ne rien dire. Et puis, ces hommes qui se disent modernes commencent à l'agacer. Car, au fond, il les trouve bien démodés, régressifs, inadaptés à leur propre époque qui lui semble extraordinaire. Il aurait bien aimé y vivre en dépit des difficultés…

Alors Montaigne se dresse, un peu gêné, il faut le dire, dans ce complet veston dont il n'a pas l'habitude. Il leur dit sans détour : « Messieurs, je vous ai bien entendus. Mais, selon mes critères d'homme de la Renaissance, de philosophe, d'humaniste, de magistrat rompu aux arbitrages, de maître responsable de sa maisonnée, de mes gens, de ma forêt, de mes animaux, de ma terre… vous êtes trop pleins de vos certitudes, trop aveuglés par vos raisonnements… »

Montaigne balaye du regard le groupe. Pas un seul membre qui n'agite frénétiquement son index sur une sorte d'écran lumineux. Une maladie du siècle, sans doute. Il aurait aimé croiser un regard pour évaluer la résonance de son discours. Tant pis. Plus tôt ce sera fini, mieux ce sera. Se raclant la gorge, il reprend : « Votre rationalisme forcené risque de vous mettre dans une posture trop verticale. Allez-vous reconduire l'erreur des penseurs des Lumières ? Leur arrogance ? Ils ont fait de la raison une norme universelle qui permet d'accéder au point de vue même de Dieu sur les choses. Méfiez-vous de cette tentation. Nul n'est prophète en son pays, et nul ne peut accéder au laboratoire de Dieu. Osez l'ouverture, osez l'horizontalité, décrivez un meilleur mode d'emploi de vous-mêmes. Ne soyez pas de vieux chênes. Soyez plutôt comme ce roseau qui ploie mais ne rompt pas quand les temps deviennent trop divers. »

Le sentiment désagréable qu'on ne l'écoute pas le poursuit. Observant un léger silence, Montaigne jauge avec sévérité ce public au regard absorbé par des ondes lumineuses étranges. Il reprend avec humeur : « Messieurs, dressez un sanctuaire à ceux des vôtres qui pensent à rebours, qui pensent en travers, qui pensent à l'envers, les originaux, les désorientés, les explorateurs fous, les chercheurs ignorants, les esprits neufs et inexpérimentés qui sauront réinventer vos systèmes. Leur imagination ne souffre pas encore des entraves de la connaissance…

« Donnez à l'imagination les rênes de l'avenir. Elle sauvera votre civilisation et… votre entreprise des remous du temps. Prenez pour modèle Socrate, lui qui a eu le courage de s'affranchir du cadre de son époque. Par son imagination, il avait une capacité sans égale de déprise de soi, de décentrement. Il parvenait mieux que personne à suspendre son jugement, à relativiser ses croyances, à élargir ses perspectives, son horizon.

Quand on lui demandait d'où il était, il ne répondait pas d'Athènes, mais du monde. Lui, qui avait son imagination plus pleine et plus étendue, embrassait l'univers comme sa ville, jetait ses connaissances, sa société et ses affections à tout le genre humain, non pas comme nous qui ne regardons que sous nous… Oui, faites de Socrate votre maître. À vous d'imaginer l'avenir, vous qui avez des outils techniques qui vous permettent d'embrasser l'univers. N'en faites pas mauvais usage. Qu'ils soient pour vous l'occasion de réhabiliter l'homme, de réhabiliter la terre…

« Après tout, c'est à mon époque, dite humaniste, que la globalisation a commencé. À vous de ne pas en faire un cheval sans étrier, sans maître. La globalisation, ce rêve d'une humanité une et unie, vous engage à imaginer un monde plus responsable, dans lequel chacune de vos innovations aurait une finalité sociale et humaniste.

« Prenez de la hauteur, ayez une vision, ne faites pas de l'avenir une béance, mettez votre pensée en selle… »

Pour toute réponse, Montaigne entend des vibrations étranges émanant de l'objet dont ces hommes semblent avoir fait religion. Ce drôle de dieu est un véritable despote. Il exige une attention de tous les instants. Pas une seule fois il n'aura réussi à capter le moindre regard. Montaigne, bien que cavalier hors pair, se sent un peu désarçonné. Il continue : « Cultivez, cultivez votre imagination comme le meilleur des potagers. Elle vous arrachera à vos préjugés, elle vous préparera à accueillir ce qui est inhabituel, ce qui est étranger. Elle vous ouvrira à la nouveauté, elle vous libérera des contraintes inutiles. Les meilleures stratégies de conservation vont vers la simplicité, pas la complexité que j'observe dans vos entreprises. Ne répondez pas à l'inquiétude et à la variété des temps par un surcroît de règles. Simplifiez, simplifiez… le reste suivra ! »

L'idée du potager amuse Montaigne. Lui qui aime à ménager sa terre alors que les hommes de ce siècle l'ont saccagée à force de dresser des autels au veau d'or de la productivité, il aimerait bien faire la leçon à leurs « ménagers ». Le philosophe prend ses *Essais* et feuillette quelques pages avant de lire : «Je louerais une âme à divers étages, qui sache et se tendre et se démonter, qui soit bien partout où sa fortune la porte, qui puisse deviser avec son voisin de son bâtiment, de sa chasse et de sa querelle, entretenir avec plaisir un charpentier et un jardinier[1]… » Soulevant son binocle, il dit : « À vous messieurs d'imaginer qui sont les charpentiers et les jardiniers dans vos entreprises et quel serait leur rôle. Qui sont vos voisins, qu'avez-vous à gagner d'eux ? L'âme de votre ménager est-elle à divers étages ? Pousse-t-il la porte du jardinier ou du charpentier dans la grande maisonnée où l'on se trouve ? D'ailleurs, est-elle pour lui une maisonnée avec ce que cela incombe d'obligations ? […]

1. *Essais*, III, 3, « De trois commerces ».

« Croyez-moi, un bon ménager doit savoir troubler ses règles pour éveiller sa vigueur, la garder de moisir et s'apoltronir. Et n'est train de vie si sot et si débile que celui qui se conduit par ordonnance et discipline. La plus contraire qualité à un honnête homme, c'est la délicatesse et obligation à certaine façon particulière ; et elle est particulière si elle n'est ployable et souple. »

Quelques gloussements réjouis accompagnent les dernières paroles de Montaigne, suivis par des applaudissement nourris. Et lui qui croyait qu'on ne l'écoutait pas ! Les hommes de ce siècle avaient décidément de ces bizarreries… En tout cas, il était grand temps qu'il retrouve sa tour.

Giordano Bruno : quand l'imagination agrège les hommes

Pensée magique ou lien magique ?

Il y a une formule intrigante qui court à la Renaissance, et sur laquelle nous reviendrons, qui est celle de « lien magique ».

Aujourd'hui, ce n'est pas la question du « lien magique » qui inonde régulièrement nos journaux mais bien plutôt celle de la « pensée magique ».

« Reliquat de la pensée primitive », selon l'anthropologue français Lucien Lévy-Bruhl, la pensée magique semble en effet trouver dans notre postmodernité un nouveau terrain de déploiement. Elle est une croyance mêlée de superstitions qui consiste à relier des événements entre eux de manière arbitraire, sans preuve aucune, au gré des peurs, voire des paranoïas, au détriment de la raison analytique et des faits.

Freud avait montré que la pensée magique obéissait à une tendance impérieuse de l'être humain à trouver des explications, si expéditives soient-elles, à des phénomènes ou événements qu'il ne comprend pas. Il bâtit des théories d'autant plus « efficaces » qu'elles répondent à un désir puissant d'y croire, enjambant avec une légèreté stupéfiante le mur du factuel. La pensée magique vide le réel de sa substance et le simplifie outrageusement pour réduire sa contingence, vécue comme insupportable, et reprendre le contrôle sur les choses.

Ce biais de raisonnement est souvent sans conséquence et la plupart d'entre nous le convoquent avec amusement : je réussirai mon examen si je croise cinq voitures rouges, ma demande d'augmentation sera acceptée si mon boss a mis aujourd'hui sa cravate rayée, etc.

Mais la pensée magique peut prendre des formes moins anodines comme la croyance dans ce qu'on appelle les théories du complot ou encore l'imaginaire du complot. L'épistémologue Karl Popper les fustigera, dénonçant leur caractère non scientifique. Selon lui, c'est la réfutabilité qui garantit le caractère scientifique d'une hypothèse. Or les théories du complot sont par nature irréfutables. Il est impossible de les vérifier, de les soumettre à l'épreuve des faits. Sans compter que la méthodologie des complotistes est problématique car ils mettent tout leur poids du côté des intentions d'une minorité obscure au détriment des institutions et de la réalité du pouvoir.

Les régimes autoritaires tels que le régime soviétique ou l'ex-RDA ont observé avec beaucoup d'intérêt le phénomène du conspirationnisme. Ils ont constaté que ses « adeptes » étaient plus facilement manipulables que les autres, leur esprit étant plus porté vers la suspicion et une forme de paranoïa. Les services secrets de ces pays-là en ont profité pour amplifier certaines théories du complot à des fins de propagande. Le NKVD, la police secrète de l'URSS dirigée par Lavrenti Beria, avait ainsi fabriqué de toutes pièces le complot des « blouses blanches ». Ces médecins, juifs en grande partie, étaient supposés vouloir attenter à la vie de Staline. Arrêtés en 1953, la plupart ont été relâchés et réhabilités après la mort du dictateur.

Plus près de nous, la crise sanitaire provoquée par le virus COVID-19 a vu la montée des rumeurs les plus loufoques et souvent contradictoires. Selon certaines, le virus aurait été fabriqué intentionnellement dans un laboratoire de Wuhan, foyer originaire de l'épidémie, sous l'impulsion de grands groupes pharmaceutiques. Selon d'autres, au contraire, c'est la CIA qui aurait lâché cette arme biologique sur la Chine, afin de déstabiliser l'économie de son rival, sous-estimant l'effet boomerang.

Comment expliquer que notre époque rompue au rationalisme critique et technique continue à produire cette forme de crédulité ? Mais cette question est-elle la bonne ? Car pour certains, au contraire, c'est l'imaginaire complotiste lui-même qui est le véritable marqueur de la mentalité postmoderne. La révolution de 1789 en serait le déclencheur. Après la chute du régime monarchique et la sortie du théologico-politique, la société se trouve livrée à elle-même, privée de transcendance, confrontée à l'incertitude. C'est la thèse que soutient le philosophe Pierre-André Taguieff pour qui les théories du complot remplissent la fonction d'offrir un modèle explicatif sécurisant auprès de sociétés caractérisées par « une crise continuée des fondements dans l'ordre de la connaissance comme dans celui des valeurs et des normes[1] ». Seraient-elles extravagantes et antisémites comme la théorie du complot juif mondial ou celles du grand remplacement.

1. Pierre-André Taguieff, *L'Imaginaire du complot mondial*, Fayard, 2006.

La perte de l'évidence du sens, initiée par la crise de l'Ancien Régime, loin de s'estomper aujourd'hui s'amplifie. Les manipulations de toutes sortes semblent même consubstantielles au système démocratique. Dans la mesure où celui-ci rend les hommes acteurs de l'histoire et du pouvoir, il favoriserait parallèlement les fantasmes et la suspicion.

*

L'Internet à travers les réseaux sociaux favorise l'émergence de la pensée magique et permet la diffusion de théories conspirationnistes. Les réseaux sociaux foisonnent de faits alternatifs qui se présentent comme une alternative à la science, celle-ci étant ravalée au rang d'opinion.

Ils permettent ainsi de consolider des croyances préexistantes en fédérant des communautés qui partagent les mêmes opinions. Dans ce cas, c'est moins la recherche de l'information qui prime que le fait de consolider ses propres croyances. Les grandes plateformes numériques sont d'ailleurs régulièrement montrées du doigt par les pouvoirs publics qui les appellent à un plus grand sens des responsabilités face à ces dérives.

Les théories du complot font un travail de sape souterrain dont il ne faudrait pas sous-estimer les effets néfastes. Pour Paul Valéry, «le mélange de vrai et de faux est énormément plus toxique que le faux pur». Les théories du complot, qui participent de ce mélange, sont un défi pour l'intelligence. Défi parce que nul n'est à l'abri de ces théories qui se veulent un rempart contre le hasard et l'indétermination de la vie. Défi aussi parce que les théories du complot ont parfois l'apparence de la rationalité. Or, accepter que nous ne puissions tout connaître, n'est-ce pas commencer le difficile apprentissage de la liberté ?

Au *Quattrocento*, l'une des manifestations de cette liberté se fait à travers le lien magique, qui est aux antipodes de la pensée magique. Le lien magique est celui qui prend la nature pour modèle. Celle-ci est un réservoir de forces et de formes organiquement liées et en perpétuelle transformation. L'homme héroïque, à l'instar de la nature, a la capacité de vivre au cœur des mutations de son temps. Il ne craint pas le changement. Celui-ci est une opportunité de renoncer aux idées toutes faites, aux mécanismes de pensée et d'action. Les moments décisifs de crise sont vus comme une chance de transformer les modèles de société ayant vécu en d'autres modèles plus innovants.

À charge pour l'imagination d'en décliner les variations. Et d'aller vers la magie du lien.

L'imagination est ce qui lie

Car l'homme de la Renaissance va chercher à créer du lien pour pouvoir demeurer dans le monde. C'est pour lui affaire de survie. N'oublions pas que le basculement dans l'héliocentrisme a ébranlé les paradigmes de l'ancien système. Le passage d'un monde clos à l'univers infini agit comme un paramètre perturbateur du réel. Ce qui disparaît avec l'antique cosmologie, c'est l'évidence de sens : le sacré se dérobe, la Providence déserte un univers qui devient sans fondement.

Créer du lien, c'est restaurer l'ordre d'un monde qui a perdu son centre.

D'où le rôle capital dévolu à l'imagination car elle est la faculté génératrice de liens par excellence, qu'ils soient naturels, sociaux ou politiques. Elle seule peut ressouder les hommes en période de péril. Tout sauf affaire de fiction, elle se trouve au cœur de l'action morale et politique car elle est le lien des liens, celui « qui vivifie, adoucit, attendrit, stimule toutes choses ; ordonne, engendre, gouverne, attire, enflamme toutes choses ; meut, ouvre, éclaire, purifie, satisfait, assouvit toutes choses[1] ».

Pour Giordano Bruno, le seul pacte rationnel ne peut toucher les hommes ni les entraîner dans une action collective. À l'inverse, l'imagination a cette puissance redoutable de soulever la passion. Les émotions qu'elle suscite contribuent à faire avancer les hommes vers un objectif commun. C'est Napoléon sur le champ de bataille haranguant ses soldats face à l'ennemi : « Ils ont tout, vous n'avez rien. » Il suffit d'une

1. Giordano Bruno, *Des liens*, Allia, 2010, p. 9-10.

image pour réveiller la vaillance de la Grande Armée au point que l'ennemi lui-même, en la personne du général Wellington, s'écrie en scrutant sa lunette, avec un flegme tout anglais : « *Splendid !* »

Giordano Bruno a entrevu la puissance civilisationnelle de l'imagination qui faisait dire à Victor Hugo, en ce XIXe siècle du rêve et des grandes utopies sociales, que la quantité de civilisation se mesure à la quantité d'imagination.

Encore faut-il requérir les bonnes images, nous prévient Bruno. Les guerres de Religion qui dévastent son époque reposent indéniablement sur un mauvais imaginaire. Les théories du complot dont nous ne sommes que trop familiers aujourd'hui reposent elles aussi sur un mauvais imaginaire. Celui-ci libère les peurs et traduit un rapport particulier au temps : une incapacité à accepter sa part d'incertitude. La peur fabrique ses boucliers et dédouane du périlleux exercice de la liberté. Voilà pourquoi Giordano Bruno nous prévient : avant de réformer nos sociétés, il importe de réformer notre imagination elle-même.

On perçoit la hauteur morale et la portée humaniste d'une telle exigence. Car si l'on fait fi de l'altérité au creuset de laquelle se façonne notre propre humanité, si l'on n'accueille pas la part de l'autre, comment en faire encore un sujet de lien? N'est-ce pas le danger que représentent nos communautés virtuelles à travers les réseaux sociaux? Ces communautés risquent de nous enfermer au milieu de nos semblables, trop semblables pour nous sortir d'un isolement toujours latent. Car c'est la confrontation à l'autre en ce qu'il diffère profondément de moi qui me socialise et désamorce les positions extrêmes. Nos technologies numériques participent de ce vaste mouvement qui menace nos sociétés : la diminution de nos interactions sociales et leur impact inévitable sur le politique. Le gouvernement britannique a récemment annoncé la création d'un «ministère de la Solitude». Serions-nous devenus le navigateur de «La complainte du vieux marin» de Coleridge, perdu, seul, dans la vaste mer d'un monde numérisé et sans contact?

Bruno nous propose une nouvelle «religion» pour restaurer le lien perdu, de nouveaux codes symboliques. Cette religion sera celle de l'Amour que chantait déjà Lucrèce dans son ode à Vénus. Pour que l'homme soit capable de lier, de se lier, il doit s'enraciner dans la Nature, intégrer son cycle de métamorphoses et sortir de son amour pour soi pour universaliser son désir.

Si la Nature entre en scène dans la philosophie de l'imagination de Bruno, c'est parce qu'elle est la figure par excellence de l'altérité. Bruno nous met en garde : rompre son lien cosmique et naturel, c'est se condamner soi-même. La Nature n'est pas une chose qu'on exploite, elle est ce Livre qu'on lit et qui enseigne.

Ce que Bruno a compris, c'est qu'il y va de la survie de l'homme, sa survie physique et métaphysique.

Sans imagination, c'est-à-dire sans cette forme de conversion à l'autre, je perds l'accès à ce qui fonde mon humanité. N'est-ce pas le sens de la belle formule de Paracelse quand il nous dit que « toute imagination humaine provient du cœur » ?

L'épître que Giordano Bruno envoie à l'empereur Rodolphe II s'en fait l'écho. Pour que le monde reste commun, il faut raviver en nous rien moins que la puissance érotique de l'imagination, c'est-à-dire les liens d'amour. Laisser s'exprimer sa puissance d'attraction, d'émotion, de désir, la canaliser dans un système politique de manière à souder toujours un peu plus la communauté des hommes.

L'imagination à l'ère des big data

Avec la révolution numérique, les big data deviennent un enjeu clé de la compétitivité des entreprises ou des institutions, de telle sorte qu'on le désigne comme le nouveau pétrole du XXIe siècle. S'il y a bien un imaginaire propre aux big data, comme nous le verrons, il est caractérisé par une logique de corrélations, dont le sens risque à terme d'échapper à l'homme à mesure de la complexité des calculs qui y mènent.

La question se pose donc de savoir ce que devient cet imaginaire du lien, que porte la Renaissance, à l'ère de l'imaginaire numérique.

RENAISSANCE ET BIG DATA

On retrouve une approche de type big data à la Renaissance : d'abord dans la volonté de mesurer le monde et ensuite dans l'utilisation des « grandes données » pour faire avancer la connaissance.

À la Renaissance, on mesure tout. C'est l'une des innovations fondamentales. Il y a une géométrisation du temps et de l'espace. On mesure l'espace avec la cartographie[1], on mesure aussi l'espace dans la peinture avec la révolution de la perspective. On mesure le temps avec les horloges mécaniques qui connaissent un essor extraordinaire et qui vont ouvrir la voie à une révolution industrielle.

Comment ne pas penser aux big data qui permettent la mesure de tout avec infiniment plus de puissance qu'à la Renaissance ? De ce point de vue-là, on vivrait aujourd'hui une Renaissance puissance trilliards. Les big data pousseraient la logique de la Renaissance à son paroxysme…

1. La Renaissance est l'âge d'or de la cartographie même s'il y a encore beaucoup d'erreurs. On sait en effet que la carte qui devait mener Christophe Colomb en Inde l'a mis par hasard sur la voie d'un nouveau continent.

Prenons encore l'exemple de Pic de la Mirandole. Il est, lui aussi, dans une démarche big data, mais sur le plan de la connaissance. Il écrit son fameux livre *Les 900 Conclusions* qui ont quelque chose d'encyclopédique avant l'heure. Il recense toutes les idées que l'humanité a pu engendrer depuis les présocratiques jusqu'à son époque, pour les mettre en perspective, en résonance. Il y a cette idée, à ce moment-là, que la vérité est dans le déploiement, dans la combinaison des points de vue.

Si on prend le domaine de la recherche, le recours aux big data va reconduire la démarche de Pic de la Mirandole. Il va contribuer à fédérer la diversité des talents. Il y a une mise en commun des données et des idées débouchant sur des interactions créatrices qui sont source d'innovations importantes. C'est ce qu'on appelle l'intelligence collective. Le mouvement de l'*open science*, qui permet de publier et de croiser des résultats, en est l'illustration. On pourrait dire que l'homme de la Renaissance qui a toujours cherché avec passion le croisement des connaissances et des idées aurait savouré cet aspect des big data, la dimension collaborative dans la constitution du savoir.

Kepler à sa manière fait du big data en utilisant les « données massives » de Tycho Brahe dans ses recherches des lois du mouvement des planètes, Tycho Brahe qui avait d'ailleurs consigné ses observations des astres sur des milliers de pages sans savoir en faire l'usage. Il aura fallu l'imagination créatrice d'un Kepler pour retrouver l'architecture de l'univers à travers l'alignement opaque des chiffres et des observations de son contemporain.

On peut se demander au passage ce que serait devenu Kepler à l'ère des big data. Est-ce que ses lois auraient été trouvées automatiquement par croisement de données ? Plus de huit années de calculs lui furent nécessaires pour trouver des anomalies dans la régularité du mouvement des planètes. Un algorithme avec sa puissance de calcul serait peut-être parvenu au même résultat en quelques secondes. Petit bémol cependant : on sait que la découverte ne se présente qu'à un esprit préparé. Les algorithmes peuvent bien mettre en avant des données, mais celles-ci, en elles-mêmes, ne sont pas forcément parlantes. Dans le domaine de la science, elles ne sont que l'élucidation d'un problème savamment posé, d'une théorie qui a été préalablement imaginée. Qu'aurait été Kepler à l'ère des big data ? On peut au moins dire qu'il serait parvenu à ses résultats beaucoup plus rapidement.

Il y a un imaginaire numérique

Si nous partons de la définition de l'imagination productrice chez Ricœur, nous réalisons qu'elle présente beaucoup de similitudes avec l'univers des big data. L'imagination chez Ricœur se reconnaît dans ses manifestations extérieures comme les symboles, les métaphores et le récit. Le récit est le lieu par excellence où se déploie l'imagination. Il suspend le réel et met en scène des éléments hétérogènes pour les lier entre eux. En un mot, il produit du mythe, celui-ci étant compris comme un récit sur des événements fondateurs. En réalité, c'est ce que nous faisons tous les jours : nous établissons des récits de notre vie pour donner une cohérence à des circonstances, des hasards, des actions plus ou moins voulues… pour donner du sens à un vécu ressenti comme discontinu. L'imagination contribue à éclairer, voire reconstruire, les motivations de l'action et à rétablir l'estime de soi. Quand nos projets sont mis en intrigue dans un récit, nous restons acteurs de nos vies.

On reconduit d'ailleurs cette démarche avec les réseaux sociaux. Avec Facebook, par exemple, on dispose d'une nouvelle manière de se construire une identité. Le principe est séduisant. On a affaire à une identité ouverte, flexible, toujours en construction, qui s'enrichit par des canaux divers.

Mais en même temps que l'homme se met en données (car nous sommes dans une culture où la base de données devient dominante), il est lui-même mis en données.

Les algorithmes des big data vont se nourrir de ces diverses traces que nous laissons. Ils vont nous suggérer à leur tour des éléments de récit en mettant une continuité entre des éléments *a priori* sans lien. Ils vont contribuer à donner du sens au magma brut des data et, à leur manière, à produire du mythe.

Sur cette base, on pourrait qualifier de métaphorique le fonctionnement des algorithmes. La métaphore consiste à associer deux univers sans rapport entre eux *a priori*. C'est par exemple le poète qui compare la lune à une faucille d'or dans le champ des étoiles. Cette démarche métaphorique, transposée aux big data, va consister à mettre en relation des choses tout à fait inattendues. Dominique Cardon, dans son livre *À quoi rêvent les algorithmes* (Seuil, 2015), donne l'exemple de l'assureur qui va se baser sur les données d'achats de ses clients pour en inférer que ceux qui mettent des feutres sous les pieds de leurs chaises sont de nature précautionneuse. Ils auront donc tendance à conduire prudemment. À ce titre, l'assureur pourrait revoir leur prime d'assurance à la baisse.

Les algorithmes des big data vont, d'une certaine manière, aider à donner une signification à nos actions que nous sommes incapables d'apercevoir par nous-mêmes. Ils suggèrent à leur manière les histoires que nous racontons pour nourrir l'économie numérique et contribuent à déployer une forme d'imaginaire.

On pourrait aussi parler d'un imaginaire numérique si on prend en considération le *Machine Learning* et, au-delà, l'intelligence artificielle par lesquels la machine prend de plus en plus d'autonomie. Elle est d'ores et déjà capable de changer les règles qui lui sont prescrites. On peut d'ailleurs se poser la question de savoir jusqu'où cette autonomie peut aller. La machine aura-t-elle un jour le pouvoir de créer des choses, d'inventer des concepts ? La question reste ouverte…

Puis, enfin, on peut parler d'imaginaire numérique si on part des présupposés quasi métaphysiques des big data. Le monde, l'homme, la vie sont mis en données. Ils sont digitalisés. La donnée a de la valeur en elle-même, pour elle-même, en dehors de l'intentionnalité qui l'a rendue possible. En ce sens, la donnée a quelque chose de mythique. On a presque une divinité Data. On assiste à l'émergence d'un nouveau paradigme qui a, au cœur de son fonctionnement, un système de corrélations, ou ce qu'on peut appeler l'imaginaire issu des corrélations, propre aux big data.

Imaginaire du lien versus *imaginaire des corrélations*

Il est tentant de mettre en perspective l'imaginaire du lien, à la Renaissance, avec l'imaginaire des corrélations. Se déploie-t-il de la même manière ?

Avec le développement des big data, le fait est que la quête de causalité recule. On est dans une logique de la corrélation qui tend à remplacer la compréhension scientifique des choses. D'un point de vue cognitif, il y a une révolution qui s'opère. On sort radicalement des schémas de la science classique qui cherche à établir des relations de causalité. Celles-ci sont jugées inadaptées ou inutiles dans le contexte des masses gigantesques de données.

Avec les big data, il y a une recherche de la corrélation pour la corrélation. On est dans la concomitance d'événements, dans la juxtaposition d'éléments sans rapport toujours visible entre eux. Il y a une sorte d'ontologie de la corrélation, sans la cause, sans le pourquoi (alors que dans l'univers de la narration, le « pourquoi » est essentiel car les récits portent toujours sur les raisons pour lesquelles les protagonistes agissent comme ils agissent).

Il est vrai que la corrélation ne permet pas forcément de comprendre ce qui se cache derrière un phénomène, mais, pour ceux qui l'exploitent, elle a le mérite d'exister. On peut donner l'exemple de la corrélation qui a été faite aux États-Unis entre les voitures de couleur orange et la fiabilité. (On a remarqué que les voitures de couleur orange faisaient moins d'accidents.) Il y a sans doute plusieurs raisons à cela mais elles sont inconnues et, de toute manière, c'est sans importance pour ceux qui vont exploiter l'information, autant les acheteurs que les fournisseurs.

On peut aussi donner l'exemple de la corrélation qui a été faite entre la consommation d'aspirine et de jus d'orange avec le recul de certaines formes de cancer.

On n'en comprend pas la raison mais c'est tout à fait secondaire puisque, encore une fois, le plus important c'est de survivre à la maladie.

L'écueil sur lequel de nombreux analystes attirent d'ailleurs l'attention est le suivant : la relation sans causalité risque d'être transformée en vérité absolue, au moins implicitement, en lui attribuant le statut d'une relation avec causalité, car l'esprit est ainsi fait qu'il se satisfait mal de ne pas comprendre. Il y a donc un risque que la donnée soit fétichisée. Et que nous soyons amenés à l'avenir à prendre des décisions sur la base des données que nous ne serions pas en mesure de comprendre.

Il peut être tentant de se fier à l'analyse automatique des corrélations en relativisant le travail d'interprétation, de mise à distance, alors que l'on sait que le croisement des données peut parfois engendrer des résultats absurdes, dénués de tout sens.

De manière plus générale, il peut être tentant de voir dans la programmation une intelligence stockée, au détriment de l'intelligence en devenir. La Renaissance avait déjà trouvé un subterfuge contre cette tentation : l'accès à la connaissance se fait à travers une dynamique de transformation. Il n'y a pas de vérité absolue, il n'y a que des fables. Notre savoir se construit par des perspectives combinatoires, par la circulation des idées qui enrichit en permanence la pensée universelle.

Ce qu'il faut bien voir, c'est que le phénomène big data entraîne des transformations dans notre rapport au savoir. Il questionne notre manière de nous approprier la connaissance et de la mettre en ordre.

S'il fonctionne à une échelle qui dépasse notre compréhension ordinaire et rend impossible l'appréhension d'une quelconque causalité, et si l'information délivrée, qui motive des actions normatives, procède d'un modèle de prédiction automatique, on ne peut que se demander dans quelle mesure ces connaissances contribuent à la constitution d'un véritable savoir. Il y a donc toute une réflexion, d'ordre épistémologique, à mener sur la nature même de la connaissance.

À ce sujet, la Renaissance a des choses à nous dire. En effet, l'imaginaire du lien qui lui est propre nous révèle que la pensée a pour fonction d'unifier la diversité du monde. À la Renaissance tout est lié, tout est dans tout. L'homme lui-même est non seulement une partie du monde mais il est un petit monde. Il y a des rapports de connivence infinie entre tous les ordres de réalité, du Soleil à la pierre inerte. Ils sont reliés par une chaîne invisible, une chaîne causale, qu'il appartient à l'homme de parcourir ou de remonter. L'idée de l'hétérogénéité entre l'objectif et le subjectif, entre l'homme et le monde, est complètement étrangère à l'esprit de la Renaissance. Il n'y a pas de corrélations sans pourquoi entre les choses mais plutôt un *nexus*, un lien organique. Le lien, c'est ce qui permet de retrouver l'unité profonde du monde par-delà le désordre apparent, par-delà la multiplicité. On n'est pas dans une logique de la trace propre aux big data mais dans une logique de la puissance créatrice.

Et c'est l'homme qui est au centre de cette démarche. Il est dans une position souveraine. Sa liberté créatrice va consister à inventer des transitions, créer des passages, imaginer des ponts.

Et à mesure qu'il restaure le lien, il se crée lui-même. Il y a une ontologie du lien à la Renaissance. L'homme se construit et prend consistance à travers la relation. On est assez éloigné d'une ontologie de la corrélation qui substantialise la donnée plutôt que l'homme.

Le danger qui se profile dans la logique des corrélations sans relation causale, c'est le déséquilibre entre l'homme et l'automate. C'est la mise en retrait délibérée de l'homme dans ses capacités de réflexion, de doute, de résistance, de pas de côté, autant d'éléments qui fondent son intelligence, sa conscience et sa dignité… On pourrait considérer que le profilage a quelque chose d'exemplaire par rapport à cette éviction de l'homme réel, le profilage qui réduit l'homme à une somme de statistiques et de probabilités.

Ce qui frappe, c'est que le sujet, en tant que substance, est mis en suspens, il est déréalisé. Il y a une indifférence dans le profilage par rapport à l'individu dans sa complexité, dans sa disparité.

L'histoire de la philosophie nous apprend que rien ne pourra empêcher l'homme de se poser la question du sens. L'imaginaire du lien est une recherche éperdue du sens sans lequel l'homme perd son fondement. Ce qui nous laisse croire que l'imaginaire issu de la corrélation ne pourra réaliser ses promesses et déployer ses opportunités qu'en laissant toute sa place à l'homme et à sa quête légitime de causalité. Le phénomène big data et sa logique de corrélations, on peut très bien l'imaginer, pourrait enrichir la science et la philosophie, mais en aucun cas remplacer leur méthode.

2

L'utopie, un imaginaire qui expérimente

Changer le monde : des utopies de la Renaissance aux utopies de la Silicon Valley

Pourquoi l'utopie ? Pourquoi invoquer l'utopie alors que l'histoire nous a appris à nous méfier de ces mondes imaginaires, surtout quand ils tendent à la perfection ? L'utopie, au nom de son rêve d'Absolu, s'est souvent retournée contre l'homme au lieu de le servir.

Pourtant, à l'heure où la pandémie de coronavirus laisse la planète exsangue avec le sentiment que le pire est devenu certain, l'utopie n'est-elle pas une forme de résistance ultime ? Un rempart contre le fatalisme, contre l'acceptation passive d'un ordre établi ?

Face au désenchantement, à la lassitude qui menace le monde, l'utopie ne reste-t-elle pas cette croyance essentielle qu'un monde meilleur est possible? Dans un certain sens, n'aurions-nous pas autant besoin d'utopie que du besoin d'espérer?

Aujourd'hui, on ne peut que l'observer, ce sont les dystopies qui prolifèrent, ces utopies noires où le meilleur des mondes est un monde de cauchemar. Elles disent quelque chose de nos angoisses. *La Servante écarlate*, série américaine à grand succès et d'abord livre primé de Margaret Atwood (1985), traduit notre anxiété face au désastre écologique programmé et la fragilité de nos démocraties. À la suite d'une catastrophe environnementale, l'humanité est devenue stérile, et les quelques femmes encore en état d'enfanter sont réduites au rang d'esclaves sexuelles par un État totalitaire. La série *Black Mirror* nous alerte sur les dérives des nouvelles technologies numériques – contrôle, surveillance, fuite de la réalité, notation des citoyens… –, et certains de ses épisodes se font rattraper par le réel quand on sait qu'en Chine, par exemple, les personnes disposant d'une note sociale trop basse ne sont pas autorisées à prendre les transports.

On pourrait aussi citer le polar apocalyptique sud-africain *L'Année du lion* (2017) de Deon Meyer qui anticipe une épidémie mondiale de coronavirus née de la fusion d'un virus humain et d'un virus animal. L'auteur imagine que 90 % de la population mondiale est décimée. Fort heureusement, nous sommes très loin du compte, mais la plupart des situations qu'il décrit sont celles que nous avons vécues dernièrement.

À travers ces dystopies, on joue à se faire peur mais on exprime aussi la crainte que nous avons de notre propre puissance : innovations technologiques galopantes, exploitation sauvage des ressources de la planète, inégalités croissantes dans le monde…

Nos craintes sont légitimes, bien évidemment. Mais il est nécessaire qu'elles soient contrebalancées par des utopies en positif. Car grossir le trait risque de nous enfermer dans nos peurs. Or la peur paralyse l'action. Elle grippe l'audace dont nous avons tant besoin, surtout en période d'incertitudes.

Les dystopies ne construisent pas l'avenir, elles en font un épouvantail. Et l'on aurait tort de sous-estimer leur travail de sape. Même si elles relèvent du divertissement, elles laissent toujours derrière elles comme un parfum vénéneux.

Nous avons besoin, plus que jamais, de récits qui fassent désirer l'avenir. La période de bouleversement que nous vivons s'y prête. Elle est une opportunité historique de renouveler nos pratiques individuelles et collectives. En effet, à l'ère de la transition numérique, écologique, socio-politique…, la société que nous voulons pour demain reste à inventer. Dans ce contexte, l'utopie est un outil d'intérêt vital pour renouveler nos imaginaires ainsi que nos vieilles utopies socio-politiques périmées. Car imaginer l'avenir, c'est déjà le faire advenir.

Oser l'utopie, c'est croire encore qu'une transformation de la société est possible. C'est proposer de nouveaux modèles de « vivre ensemble » alors que le lien social se délite sous la double impulsion de l'hyperindividualisme de nos sociétés et des confinements à répétition. C'est tout simplement croire que l'aventure humaine est encore possible.

Après tout, l'utopie, c'est le propre de l'homme. L'animal, malgré sa sensibilité et les formes de rationalité sophistiquées qu'on peut observer chez lui, n'est pas capable de forger des utopies. En un sens, l'utopie est concomitante à l'acte même de penser. Depuis que l'homme est capable de penser le monde, de se penser dans le monde, il a toujours rêvé d'un ailleurs, d'un monde peut-être improbable mais qui n'en reste pas moins possible.

Il serait donc vraiment dommage de se limiter à une vision réductrice de l'utopie, ce que nous impose malheureusement le langage courant. Quand on parle d'utopie, c'est soit pour évoquer les systèmes totalitaires qui ont broyé l'homme sous prétexte de lendemains qui chantent, soit pour désigner le domaine de l'irréalisable.

Et si nous faisions le pari d'une troisième voie, une troisième voie qui nous engage à voir l'utopie, à la suite des penseurs de la Renaissance, comme une responsabilité vis-à-vis de l'avenir ? Une responsabilité collective.

L'utopie peut donc transformer le monde selon les directions que nous voulons lui donner. Mais elle est aussi un formidable laboratoire d'innovation. L'utopie provient d'une impulsion créatrice essentielle. Elle est ce décalage permanent, vital, entre le champ de mon expérience immédiate et le champ du possible. L'utopie comme laboratoire, loin d'être ce système clos sur lui-même, est un espace indispensable de recherche et d'expérimentation.

Qu'en est-il de nos utopies contemporaines? Les acteurs de la Silicon Valley disent vouloir créer une nouvelle Renaissance. La formule est importante, mais sont-ils toujours à la hauteur de leurs ambitions? Mettons en perspective quelques-unes des utopies qu'ils nous proposent (le libertarianisme, le numérique...) avec celles de la Renaissance (Thomas More, Francis Bacon...) afin de mieux percevoir le chemin parcouru. Deux thématiques en particulier retiendront notre attention : la conception de la liberté et le rapport à l'argent.

Un peu d'histoire...

Il est difficile de dresser une histoire de l'utopie. Elle est longue, complexe, contradictoire. L'histoire de l'utopie, c'est, en un mot, toute l'histoire humaine. Et, de fait, le concept d'utopie est bien plus ancien que le mot qui apparaît pour la première fois sous la plume de Thomas More.

Les premières traces de l'utopie remontent au paradis perdu de la Genèse. Il y a les mythes de l'âge d'or, dans la tradition gréco-latine, cet âge merveilleux où les hommes vivaient sans travailler, sans souffrir ni vieillir, dans la proximité des dieux. On en trouve un autre exemple, même s'il ne s'agit pas tout à fait d'une utopie, dans *La République* de Platon. Le père de l'Académie engage une réflexion philosophique et théorique sur le juste et l'injuste qui donnera naissance à la « cité idéale ».

Mais l'utopie, telle qu'elle se déploie à la Renaissance, se démarque profondément de toutes ces traditions dans le sens où elle n'est pas nostalgique ou même idéale. Il ne s'agit pas dans la démarche utopique de déplorer la perte d'un paradis mais, au contraire, de construire dès ici-bas le meilleur modèle de société. C'est pour cette raison que l'utopie est profondément associée à l'humanisme. La société idéale est une société que l'homme a les moyens de construire par lui-même en composant avec ce qu'il est, sans rien attendre d'un passé perdu ou d'une quelconque Providence qui pourvoirait aux besoins de l'humanité.

Avec l'humanisme, s'il y a un âge d'or, il se trouve en avant, il reste à imaginer, il reste à construire.

L'utopie de la Renaissance n'est donc pas qu'un vestige du passé. Elle questionne l'idée de progrès et le sens de notre présence au monde. En cela, elle continue à être stimulante pour notre modernité où le sens fait parfois défaut alors que la confiance dans l'avenir s'amenuise.

L'*Utopia* de Thomas More et la question de la liberté

Thomas More est le grand pionnier du genre. 1517 : publication d'*Utopia*. Quelques mots sur le contexte. Thomas More est alors sous-shérif de Londres. Il est envoyé en ambassade à Bruges pour régler un différend entre son souverain et le futur Charles Quint. La mission s'éternise. Thomas More s'ennuie. Il laisse libre cours à sa rêverie et se met à écrire l'*Utopia* qui est un réquisitoire en règle contre la déchéance morale de l'Angleterre de son époque et de la justice sans équité qui y sévit, clémente pour les tout-puissants, impitoyable pour les plus faibles, en un mot, arbitraire. Comme Martin Luther King et cinq siècles avant lui, Thomas More se dit : faisons un rêve… l'Utopia.

Il imagine qu'il rencontre un voyageur, Raphaël Hythlodée, compagnon d'Amerigo Vespucci. Ce marin prétend être tombé, au cours de ses pérégrinations, sur une île inconnue du nom d'Utopia dont les habitants ont trouvé, dit-il, le chemin du bonheur. Un dialogue s'instaure entre les deux personnages. Thomas More cherche évidemment à s'enquérir sur les lois et institutions de cette île qui assurent à ses habitants un bonheur si parfait.

Ce qu'il entend est tout à fait étonnant.

Pour commencer, la société d'Utopia est profondément égalitaire, ce qui, dans le contexte de l'Angleterre de l'époque, est particulièrement révolutionnaire. Les femmes sont égales aux hommes. Pas de riches, pas de pauvres. D'ailleurs, les maisons des habitants sont tirées au sort. Personne ne manque de rien. Tout est mis à la disposition de tous. Tout est réglé de façon minutieuse.

Alors, évidemment, comment ne pas frémir face à cette proposition de société où tout est réglé jusqu'au moindre détail ? Dans un milieu où tout est prévu, où l'homme semble plus faire partie d'un système qu'être un sujet de décision, que devient la liberté ?

C'est une question très sensible pour nous modernes, notre liberté ayant été conquise de haute lutte à travers l'histoire, au prix de grands sacrifices, souvent. Mais aussi parce que les libertés individuelles ont été mises à rude épreuve par la pandémie du coronavirus, jusqu'à leurs expressions les plus élémentaires, que ce soit la liberté de circuler, la liberté de se réunir, la liberté du commerce et de l'industrie, et même… celle de parler. En effet, l'Académie nationale de médecine avait recommandé de rester mutique dans les transports pour limiter la transmission du virus. Et si on ajoute à tout cela la question ultrasensible de la liberté d'expression qui vient alimenter de manière récurrente le débat public en France, on ne peut que jeter un voile de suspicion sur le système restrictif des libertés chez Thomas More. Celui-ci, en tout cas, n'appelle pas naturellement notre sympathie de modernes.

Et pourtant, à une époque où l'individualisme semble être la principale caractéristique d'une modernité qui vit dans le culte du présent, l'imaginaire d'un Thomas More donne encore matière à penser. Car si l'homme d'Utopia décide de retenir sa puissance, c'est en vue d'un bien commun qui profite à tous. Il va donc consentir à limiter la puissance de sa liberté pour plus d'égalité.

Certes, la vie en Utopie s'assortit de mille contraintes : l'économie est planifiée, les heures de travail distribuées, les heures de repas sont fixes, prises en communauté, etc., mais ces contraintes sont voulues, désirées, pesées, soupesées dans un système où les avantages paraissent bien plus nombreux que les inconvénients.

C'est l'idéal communautaire que Thomas More met en avant. Pourquoi? Parce que, la principale finalité de son organisation politique, c'est la création d'une société juste et solidaire, une société où le «vivre ensemble» a encore un sens, où les hommes peuvent faire partie d'une grande famille humaine.

Cet idéal communautaire n'écrase pas la personnalité pour autant. Au contraire. L'homme travaille, pas plus de six heures par jour, mais il se ménage du temps pour cultiver son esprit et son âme. La personnalité s'épanouit mais hors du cadre de la revendication de droits subjectifs, ce qu'on appellera plus tard les droits de l'homme.

Dans un certain sens, dans *Utopia*, la véritable liberté ne peut pas être individuelle ou seulement individuelle. Elle ne recherche pas à assouvir des désirs ou des intérêts personnels. La liberté est un bien compris comme responsabilité collective. Voilà pourquoi utopie et humanisme marchent de pair. L'humanisme est tout d'abord un rapport au temps, celui qui réinscrit dans la durée toute forme d'action individuelle et collective. L'utopie humaniste, c'est l'avenir comme responsabilité, finalement.

La liberté de l'Utopien, comprise comme responsabilité collective, va donc s'exercer dans un cadre de coopération, pas de compétition. On parlerait aujourd'hui d'intelligence collective. Il y a par exemple une coopération entre les habitants des villes et ceux de la campagne qui vont échanger leurs compétences dans le cadre d'un roulement bien rodé. D'ailleurs, les habitants travaillent alternativement à la ville et à la campagne.

Les mauvaises langues diront que c'est pour mieux homogénéiser la population. Mais on pourrait tout aussi bien dire que c'est pour élargir les compétences des Utopiens. Il faut être en contact avec la vie pastorale pour ne pas être trop vite corrompu par les artifices de la civilisation urbaine. Et puis, la ville risque de se présenter comme un modèle d'organisation parfait. Le contact avec la nature, dont les œuvres sont le fruit d'une maturation lente et profonde, maintient l'horizon ouvert.

Coopération entre les hommes mais coopération aussi entre l'homme et la nature, cette nature qui est pour nous aujourd'hui une source d'anxiété profonde tant l'homme l'a transformée et asservie à ses besoins.

Dans *Utopia*, justement, il ne s'agit pas de dominer la nature mais de la servir. Le rapport de l'Utopien à la terre en dit long. L'Utopien cultive la terre mais il n'en est pas le propriétaire. Elle ne lui appartient pas. Il en est le fermier, le gardien. Il l'aide à prospérer. Il faut relire la partie des *Essais* de Montaigne intitulée « Des noms » où il se demande de manière très touchante si la terre est un bien marchand. Comment peut-on posséder une terre ? N'est-ce pas plutôt elle qui nous possède ?

De telle sorte que la liberté est comprise comme accomplissement de la nature, comme son perfectionnement. Que la nature soit l'environnement extérieur ou la nature même de l'homme. D'ailleurs, cette notion de nature est au centre du système utopique. Elle règle absolument tout, autant les lois de l'urbanisme que les rapports sociaux… La cité d'Utopia, par exemple, comme la plupart des cités idéales de la Renaissance, est construite sur le modèle de l'harmonie universelle. Il y a une correspondance entre l'architecture de la ville et celle de l'univers. C'est une leçon d'une grande modernité dont les constructeurs de la ville du futur commencent à prendre acte. En effet, conscients que nos villes étouffent, des architectes visionnaires proposent aujourd'hui la construction de villes biomimétiques qui remettent l'homme au cœur de son environnement, que ce soit avec des habitats archiborescents, comme les fameuses forêts verticales de Milan, ou des transports écologiques. Alors qu'en 2050 deux personnes sur trois vivront en ville, on sait que les véhicules du futur seront conçus pour lutter contre le réchauffement climatique. Il faudra peut-être prendre l'habitude de voir passer dans le ciel des voitures et des taxis volants, jusque-là réservés au domaine de la science-fiction ! Rien de moins certain qu'un Thomas More y soit étranger…

Le libertarianisme, une autre conception de la liberté

Faisons un bond en avant en mettant en perspective l'utopie de Thomas More avec le libertarianisme, qui est l'utopie contemporaine dominante dans la Silicon Valley. Ce saut temporel nous fait constater que, en cinq siècles, notre conception de la liberté s'est profondément transformée.

Un peu d'histoire…

Le libertarianisme est l'un des principaux moteurs idéologiques de la Silicon Valley. Mais au-delà, c'est un mouvement de pensée très influent aux États-Unis. On sait, par exemple, que le livre *La Grève*, d'Ayn Rand (1957), qui est une figure de proue du libertarianisme, *Atlas Shrugged* en anglais, y est le deuxième livre le plus vendu après la Bible.

C'est un mouvement ancien dont on retrouve les premières traces au XIXe siècle avec Wilhelm von Humboldt dans son *Essai sur les limites de l'action de l'État*, ou encore chez le poète Henry Thoreau qui prône le repli individualiste, la civilisation étant vue comme source de corruption dans *Walden ou la Vie dans les bois*.

Aujourd'hui, le libertarianisme rassemble des courants de pensée très divers, parfois contradictoires, qui vont d'une forme très tolérante de pluralisme à une forme plus restrictive qui refuse la diversité des croyances. Mais, quelle que soit cette diversité, il y a un point de convergence entre les différentes doctrines : la critique de l'État et de la légitimité de son action, celui-ci étant perçu comme une entrave à la liberté individuelle.

Murray Rothbard, libertarien influent, de tendance anarchiste, va même jusqu'à comparer l'État à la plus grande organisation criminelle jamais créée. Il écrit : « Si l'impôt, payé sous la contrainte, est impossible à distinguer du vol, il s'ensuit que l'État, qui subsiste par l'impôt, est une vaste organisation criminelle, bien plus considérable et efficace que n'importe quelle mafia privée ne le fut jamais[1]. »

À l'origine de la promotion de cet esprit individualiste, on retrouve une forme de darwinisme social qui a essaimé au XIXe siècle et qui a beaucoup inspiré les libertariens. Le darwinisme social est la transposition de la théorie de l'évolution à la société humaine. La société progresse en sélectionnant naturellement les meilleurs. Ce sont ceux-là qui tirent la société vers le haut. Il serait donc contre-productif de leur faire entrave, de limiter le champ de leur action. La meilleure politique serait celle du laisser-faire qui réduirait l'action de l'État à sa portion congrue. Est-il une logique plus contraire à celle de la Renaissance où la vie de la communauté et la visée politique priment sur l'individu pris isolément, en lui-même et pour lui-même ?

Il y a un glissement qui s'opère d'une liberté qui est restreinte par l'ordre de la nature à la Renaissance

1. Murray Rothbard, *L'Éthique de la liberté*, Les Belles Lettres, 2011.

vers une liberté qui est de plus en plus libération de la puissance et revendication d'un bien individuel.

Les trois tendances du libertarianisme

Les libertariens s'attachent à donner des fondements épistémologiques et moraux à la liberté. Il est impossible de rentrer dans le détail des doctrines qui, encore une fois, s'affrontent souvent et se contredisent. On peut déjà citer les trois grandes tendances qui, au nom de la liberté individuelle, vont accorder une place prépondérante au marché.

Il y a tout d'abord la version conséquentialiste ou utilitariste du libertarianisme, très pragmatique, qui consiste à dire : jugeons du bien-fondé du libéralisme sur ses conséquences matérielles, sur le bien-être qu'il apporte. Il suffit de procéder à un simple calcul : si le libre marché permet de maximiser les profits et d'accroître les satisfactions personnelles, eh bien il faut le désirer. On est dans une sorte d'amoralisme pour une société de l'efficacité, de l'utilité sans jugement de valeur sur les fins recherchées. David Friedman, qui est l'un des plus illustres représentants de cette tendance, prend l'exemple du vol. Selon lui, acheter une pomme, c'est bien mieux que de la voler car cela permet de faire plus de profit net. L'argument en faveur de l'achat n'est donc pas motivé par un principe moral mais par la logique du profit[1].

Le contraste est saisissant avec la notion d'*utilitas* telle qu'elle est comprise à la Renaissance. Celle-ci est très éloignée d'une finalité mercantile et calculatrice puisqu'elle est avant tout un idéal moral.

Cette notion prend son essor dans le contexte de la création des premières écoles publiques. Ces écoles sont dites d'utilité publique[2]. L'*utilitas* est très orientée vers l'éducation et, plus généralement, vers la recherche d'un bonheur commun. Il n'y a pas d'*utilitas* privée. Le philosophe vénitien Francesco Patrizi évoque dans son ouvrage *De institutione reipublicae* « l'utilité des lettres ». Cette utilité est mise en perspective avec un idéal civique. Il écrit : « Je peux à peine estimer que dans une ville libre quelqu'un d'illettré mérite le nom de citoyen authentique. » Les lettres sont utiles dans le sens où elles sont une éducation à la citoyenneté, une éducation au « vivre ensemble ».

---

1. Friedman donne également l'exemple de la peine de mort. Là aussi, c'est le marché qui détermine la nature de la loi appliquée, en aucun cas le principe moral, ou alors ce qu'il faut entendre par principe moral, c'est ce qui justement permet de maximiser les utilités. Pour satisfaire aux préférences individuelles, il préconise la création d'une multitude de systèmes juridiques. Selon la capacité financière des différentes parties, les tribunaux trancheront soit en faveur de la peine de mort soit contre. C'est la loi du plus offrant.

2. Voir Stéphane Toussaint, *Humanismes, Antihumanismes. De Ficin à Heidegger*, Les Belles Lettres, 2008.

L'utilitarisme libertarien n'est plus que le lointain souvenir de l'*utilitas* telle que perçue à la Renaissance, *utilitas* qui trouve d'ailleurs sa source dans l'idéal platonicien de justice tel que défendu dans l'*Alcibiade.*

Alcibiade cherche à opposer le juste et l'utile, réduisant l'art politique à un moyen au service d'une fin. Il tente de montrer qu'entre les deux termes le lien est aléatoire, de telle sorte que des choses parfois injustes sont tout à fait utiles. Raisonnement que Socrate balaye du revers d'une seule main, en prédécesseur de l'impératif catégorique moral de Kant. Il est contradictoire et absurde de relativiser des concepts tels que le juste, le beau ou le bien. Ils ont en tant que tels une valeur absolue. Si tel n'était pas le cas, on s'exposerait à une impasse logique : celle d'admettre que le courage ou la justice sont bons et mauvais à la fois.

Platon, dans l'*Alcibiade,* démontre que le juste et l'utile sont une seule et même chose. Ignorant ce qui est juste, Alcibiade, même s'il s'en défend, ne peut qu'ignorer ce qui est utile.

Que deviendrait l'*Alcibiade* revisité aujourd'hui ? Il serait amusant d'imaginer un dialogue entre le philosophe Platon et le libertarien David Friedman. Mais un tel dialogue serait-il même possible dès lors que les visées des uns et des autres sont à ce point contraires ?

Pour Platon, c'est par le détour de l'exercice contemplatif qu'on peut rejoindre utilement le monde réel.

Cette médiation a-t-elle encore un sens dans un monde voué corps et âme au culte de la compétition, de l'efficacité et de la performance ?

La deuxième version du libertarianisme, c'est la version jusnaturaliste[1] qui recourt au droit naturel pour fonder une éthique de la liberté.

Le droit naturel est une notion complexe qui a reçu des contenus différents selon les époques et la manière dont on comprenait le concept de nature. Pour une définition *a minima*, on peut dire que le droit naturel est, au sens large, l'ensemble des normes conformes à la nature de l'homme, comme la vie, la liberté ou l'égalité. *Il n'est écrit nulle part qu'un homme sous quelque prétexte que ce soit doive en asservir un autre.* Le droit naturel se veut universel et immuable. En ce sens, il s'oppose au droit positif qui change selon les sociétés et les époques.

Les libertariens s'opposent à cette conception du droit naturel. Ils en donnent une interprétation nouvelle et beaucoup plus restrictive en s'appuyant sur Locke, le grand philosophe du contrat social. Locke, en champion du libéralisme, rompt avec la conception traditionnelle du droit naturel pour affirmer que le premier des droits, c'est la propriété individuelle, qu'elle soit propriété de soi ou propriété de la terre qu'on exploite. À partir du moment où je travaille sur

1. Doctrine qui défend la notion de droit naturel.

mon environnement et que je le transforme, il devient mien. On a donc une conception individualiste du droit naturel. Le droit naturel devient le droit de l'individu. Et la liberté devient liberté d'appropriation. Le sens traditionnel est complètement revu et corrigé. Mais Locke ne sert d'inspirateur qu'à un certain point. Pour Locke, l'État est absolument nécessaire ; il est le cadre juridique qui garantit l'exercice de sa liberté. Alors que pour le libertarien Rothbard, par exemple, ce sont des mécanismes privés qui doivent se substituer à l'État, qui sont largement suffisants pour préserver les droits de tout un chacun, notamment le droit de propriété. Pas de visée politique, pas de bien commun. Ces droits naturels, au contraire, tendent vers plus d'individualisme, voire vers plus d'anarchisme pour les tendances extrêmes du libertarianisme.

Il y a donc une crispation autour de la liberté individuelle qui devient une fin en soi. Elle est vue comme un droit naturel et inaliénable, de telle sorte que l'État est principalement perçu comme une source de nuisance.

Il y a enfin la troisième tendance du libertarianisme, représentée par Ayn Rand, qui met en avant une éthique de la vertu égoïste. On est dans une sorte de consécration de l'esprit individualiste. Elle met en scène dans son système, de manière assez manichéenne, deux groupes d'individus : d'une part les créateurs égoïstes et d'autre part les parasites encombrants et généralement étatistes. Rand fait résolument écho à la fameuse parabole dite « Sur la querelle des abeilles et des frelons » chez Saint-Simon. Faisant l'éloge de l'élite utile, le penseur du changement social critique de manière acerbe les professionnels de la politique. Selon lui, si la France venait à perdre 30 000 hommes politiques dans un accident, les Français en seraient affligés, certes, car ils sont charitables, mais cette perte ne serait pas préjudiciable au pays. En revanche, si la France venait à perdre 3 000 « créateurs », mathématiciens, physiciens, musiciens… le dommage serait incommensurable. Une génération ne serait pas de trop pour réparer ce malheur.

Avec Ayn Rand, nous ne sommes donc pas dans une société altruiste. L'heure n'est pas à la compassion, qui est la vertu du faible, mais bien à l'affirmation de soi dans sa toute-puissance.

Le meilleur système politique est le capitalisme puisqu'il permet l'expression de la vertu égoïste. La vertu égoïste est le propre des hommes rationnels. Elle se mesure essentiellement à l'aune de la production de richesses.

Les fonctions de l'État sont forcément très réduites. L'État a pour seule fonction chez Ayn Rand de garantir le bon fonctionnement de la communauté des hommes vertueux, si on peut encore parler de communauté. Elle la définit ainsi : « Nous ne sommes pas un État, ni même une société d'aucune sorte, nous sommes simplement une association volontaire d'hommes liés entre eux par le seul intérêt personnel.» Ce qui n'empêche pas le héros de son livre *La Grève* de se mettre en grève contre l'État avec sa communauté d'hommes vertueux et de contraindre les gouvernants à abdiquer. Le roman de 1165 pages s'achève de manière flamboyante sur les paroles du héros : «La voie est libre. Nous voici de retour au monde.» Et l'auteur ajoute, c'est la toute dernière phrase du roman : «Il leva la main puis, sur la terre immaculée, traça le signe du dollar.»

L'amitié contre la vertu égoïste

C'est cela que va dénoncer Thomas More dans *Utopia* : l'individualisme de ses contemporains dont il perçoit les effets ravageurs. *Utopia* est une charge contre l'égoïsme qui régit les mœurs et les règles du royaume, l'égoïsme qui dérègle la société et favorise une justice à deux vitesses.

Alors Thomas More brandit une arme politique inhabituelle : celle de l'amitié. L'amitié est mise en avant comme une charge contre l'individualisme. Elle est ce qui fonde l'existence morale et politique des Utopiens. Il y a une loi de communion originaire qui soude les hommes entre eux, cette pleine conscience d'avoir en partage une même humanité. Non, l'homme n'est pas forcément un loup pour l'homme comme

Hobbes veut le faire croire. Oui, l'homme est capable d'amitié et de compassion envers ses semblables.

La conception politique de l'amitié s'enracine dans l'humanisme. L'amitié est une détermination de l'*humanitas*. Au sein même de l'utopie, un système qui peut sembler fermé sur lui-même, sur cette tentation de perfection, il y a une place pour la différence. Même plus, elle est constitutive de l'*humanitas* de l'homme. L'homme se construit et gagne en humanité par la relation à l'autre. L'utopie va donc devenir une expérience de l'altérité. Cette altérité est fondamentale parce qu'elle prévient des dérives totalitaires. Le philosophe Miguel Abensour soutient l'idée que la domination totalitaire s'est souvent construite non pas à partir de l'utopie mais contre l'utopie. Pour preuve, il constate qu'en URSS tout ce qui avait un caractère d'altérité utopique (dans tous les domaines : politiques, moral, esthétique, etc.) a été systématiquement détruit. Cette altérité est maintenue à vif chez Thomas More quand il dit, par exemple : « Il ne faut pas hésiter à s'ouvrir aux peuples étrangers. Si la cité se prive de cette expérience d'altérité, elle ne pourra pas parvenir à un degré convenable de civilisation et de maturité… » À l'intérieur d'un système qui peut sembler figé, il y a donc une place pour le regard critique. On trouve en permanence une distanciation salutaire.

Comment oublier que Saint-Just, lui aussi, fera de l'amitié un argument politique majeur ? Avec des excès que n'aura pas eus Thomas More. On sait que Saint-Just voulait institutionnaliser l'amitié, la rendre obligatoire. C'est pour lui l'instrument révolutionnaire par excellence. Dans *Les Fragments sur les institutions républicaines*, il écrit : « Celui qui dit qu'il ne croit pas à l'amitié est banni », ou encore : « Si un homme quitte un ami, il est tenu d'en expliquer les motifs devant le peuple ».

Par l'amitié, Saint-Just croyait pouvoir bannir tout conflit dans la société, établir un règne de transparence absolue. En réalité, « l'archange de la terreur » préparait le lit de la terreur révolutionnaire. Mais serait-on coupable d'avoir un élan de sympathie pour ces idéaux malgré leur naïveté, leur part de candeur ? Faire de l'amitié l'instrument par excellence du changement social, l'instrument de lutte contre l'atrophie du cœur ne peut que nous interpeller. Surtout à l'ère de la déconnexion affective et psychologique qui est la nôtre et de la solitude sauvage des grandes villes. L'amitié, la fraternité, on peut le dire, sont les parents pauvres de la devise républicaine. Sans doute parce qu'on ne peut les élever au rang de droit naturel. L'amitié n'est pas un droit, c'est une faveur, pour ne pas dire une grâce. Saint-Just semblait l'avoir oublié.

*

Indéniablement, de Thomas More aux libertariens, un chemin est parcouru qui va de l'humanisme comme expérience profonde de l'altérité à l'individualisme, de la vie en communauté à la fierté et la jouissance de soi, d'une recherche d'équilibre entre matériel et spirituel au tout-économique. On a d'ailleurs reproché à la liberté des libertariens d'être dévoyée par une finalité économique, d'être faussée par l'argent. La finalité suprême semble être la loi du marché et la production de richesses. On entre dans un monde où tout se négocie, tout se marchande, même la vie, même la mort. Alors que, pour More, on l'a vu, la liberté, loin d'être économique, est avant tout sociale, politique. C'est une expérience collective. C'est l'expérience de ma responsabilité vis-à-vis du monde et de ceux qui m'entourent.

L'argent à la Renaissance : entre fascination et modération

La Renaissance marque l'apparition de l'industrie financière internationale. C'est la naissance des grandes banques en Europe : les Fugger en Allemagne ou les Médicis à Florence. On assiste à la fabrication des premiers produits financiers complexes ainsi qu'au déploiement à grande échelle des crédits à intérêts. Un capitalisme moderne se met en place, soutenu par une économie de type libéral : rôle du marché, concurrence, esprit d'entreprise.

Toutefois, le système monétaire de la Renaissance modifie le rapport des acteurs économiques à l'argent.

En effet, la diversité des monnaies en circulation et les fluctuations des taux de change encouragent la thésaurisation des pièces de monnaie identifiées comme rares. L'accumulation du capital devient une fin en soi, au détriment de la circulation des marchandises. Dès le XVIe siècle, l'épargne et la spéculation individuelle sont donc un sujet de préoccupation. Ces pratiques sont déjà identifiées comme préjudiciables au reste des membres de la société[1].

En contrepoint de ces questions économiques, l'homme de la Renaissance se trouve dans une situation ambivalente. L'argent suscite en lui autant le désir que la crainte. Il est vu à la fois comme ce qui asservit et ce qui libère. D'où une inquiétude de nature quasi métaphysique à l'endroit de l'argent. Le problème de l'usure resurgit avec une nouvelle envergure ; la prolifération des activités philanthropiques et le financement d'œuvres religieuses sont certes destinées à la postérité mais aussi à aplanir les chemins du salut.

Cette inquiétude nous interpelle. Elle a peut-être encore un rôle à jouer dans nos économies complexes et décomplexées. À l'heure où les inégalités vont croissant dans le monde, et de manière encore plus radicale depuis la pandémie de coronavirus, elle nous met au

1. Voir Rabelais, *Le Tiers Livre*, dans lequel l'auteur évoque de manière satirique le problème de la raréfaction de la monnaie.

pied du mur, pointant du doigt les excès du capitalisme contemporain.

Quand Montaigne dénonce la recherche du gain pour le gain qui provoque, selon lui, la désagrégation sociale, cela résonne de manière singulièrement moderne. On ne peut que penser à la financiarisation de nos économies depuis l'essor de l'industrie financière, dans les années 1980. Celle-ci favorise en effet les situations de rente qui rappellent, dans une certaine mesure, un problème déjà identifié au XVIe siècle.

L'inquiétude suscitée à l'époque par la thésaurisation a des racines lointaines.

Il y a Aristote, bien sûr, qui façonne encore les esprits. Aristote et sa fameuse distinction entre les deux usages qu'on peut faire de l'argent : il y a l'argent comme moyen, destiné à subvenir à des besoins naturels et domestiques, qui sont limités par définition, et il y a l'argent comme fin, l'argent pour l'argent, qui, lui, entretient un désir illimité.

Aristote va donc dénoncer le détournement qui est fait de l'usage premier et naturel de l'argent, qui est l'échange, pour faire produire de l'argent par l'argent. Cette pratique est décrite comme contre nature. C'est une pratique quasi incestueuse[1]. On est dans une

1. Aristote avait établi la fameuse distinction entre la puissance et l'acte. Pour que les choses existent, il faut qu'elles passent du virtuel, de la puissance à l'acte. Or, avec l'argent utilisé contre nature, on demeure dans la puissance. Il y a un accroissement de la puissance. On ne passe pas au réel, à l'actualisation. On ne peut qu'admirer l'acuité d'Aristote

transgression absolue. C'est l'argent qui se détache du monde réel[1], l'argent comme un vice de l'imagination. L'expression est de Montaigne. L'auteur des *Essais* va dénoncer ce pouvoir symbolique de l'argent qui permet de rêver à la dépense possible, de rêver à la possession virtuelle, à la puissance abstraite.

Face à ces excès, Montaigne prône la modération, seule garante d'une vie en conformité avec l'idéal de l'honnête homme. Une trop grande abondance est toujours porteuse de vices. « Quel appétit ne se rebuteroit à veoir trois cents femmes à sa merci, comme les a le grand seigneur en son serrail ? s'exclame Montaigne. Et quel appetit et visage de chasse s'estoit reservé celuy de ses ancestres qui n'alloit jamais aux champs à moins de sept mille fauconniers ? » (I, 42 ; 264). Montaigne parle en connaissance de cause. Ayant connu dans sa vie des périodes d'opulence, il sait que celles-ci n'étaient pas les plus aisées à conduire. Abondance et aliénation pour lui vont de pair : « Plus je m'estois chargé de monnoye, plus aussi je m'estois chargé de crainte » (*Essais*, I, 14). Sa « boyte », sorte de cassette ou coffre-fort, est

---

qui touche du doigt un problème typiquement moderne, la finance mondiale folle, déconnectée du réel, qui peut gripper l'ensemble de l'économie mondiale.

1. Au-delà d'Aristote, le pouvoir corrosif de l'argent est connu depuis la plus haute Antiquité. Pour Sophocle, « il n'y a rien de pire que l'argent dans la société humaine ». Il y a aussi la fameuse formule biblique : « On ne peut pas servir Dieu et Mammon à la fois. » À la Renaissance, cet héritage pèse encore lourd dans les consciences. Les peintres de l'époque, de Masaccio à Brueghel, rivaliseront d'imagination pour donner des traits à l'avarice, la convoitise ou la cupidité.

autant un fardeau qu'une commodité. La modération, à supposer que celle-ci soit autre chose qu'un idéal auquel on aspire, consisterait à ajuster au plus près ses avoirs à ses dépenses. À ne pas céder le terrain à notre « sotte imagination » qui entretient notre désir et nos craintes. Et surtout renouer avec la dimension profondément organique de l'argent. Celui-ci est l'universel entremetteur, l'agent communicationnel par excellence. Il permet de dynamiser les échanges et de consolider le lien social. Les grandes foires des XVe et XVIe siècles sont là pour le rappeler. Rabelais, sur le ton de la dérision, ira jusqu'à faire l'éloge de la dette dans son *Tiers Livre*. Pour lui, la société doit être faite de débiteurs et de créanciers qui, idéalement, n'hésiteront pas à échanger leurs rôles. Il est important que les hommes soient redevables les uns des autres. Sinon, il n'y a plus de lien de solidarité, il n'y a plus d'attention à l'autre. L'aliénation causée par la thésaurisation pervertit les rapports humains. Elle isole. Notre société postindustrielle connaît les risques de l'éclatement social et de l'atomisation des individus qui sont le contrepoint de l'absence de sens collectif.

Les penseurs de la Renaissance nous invitent à renouer avec cette dimension de l'argent : l'argent comme moyen de circulation et d'échange plutôt que l'argent comme outil de spéculation et de profit à court terme.

Le XXIe siècle sera utopique ou il ne sera pas

L'expression de cette modération que prône Montaigne se trouve dans la recherche actuelle par de nombreux acteurs d'un capitalisme plus responsable, plus durable et inclusif. La crise mondiale suscitée par la pandémie aura eu le mérite de jeter un éclairage cru sur les dysfonctionnements de nos sociétés capitalistes, que ce soit par le poids excessif de la finance ou le niveau très élevé des dettes en Occident. L'adage romain « Là où se trouve le profit se trouve aussi la charge[1] » résonne comme une injonction pressante et nouvelle pour notre XXIe siècle. La prépondérance du poids du capitalisme accentue d'autant ses obligations.

Comment créer un capitalisme plus en phase avec les enjeux sociétaux et la transition écologique est la tâche à laquelle nous ne pouvons plus nous soustraire. Car, plus le temps passe, plus les défis deviennent colossaux et plus nous sommes acculés à agir. Aujourd'hui on s'interroge, par exemple, sur la possibilité de mettre en place des standards éthiques à l'échelle internationale. D'autant que l'apparition des géants du numérique crée une concentration sans précédent des richesses au détriment de l'innovation, tout en favorisant des situations de rente. Les chiffres parlent d'eux-mêmes d'un monde finalement scindé en deux où la

1. *Ubi emolumentum, ibi onus.*

question de Hamlet retrouve une vigueur nouvelle : en être ou ne pas en être. Selon une étude du FMI, dans vingt pays développés, le dixième des entreprises les plus rentables a vu ses marges s'accroître entre 2000 et 2015 alors que celles des autres entreprises régressaient ou stagnaient. Un rapport de la Conférence des Nations unies sur le commerce et le développement (CNUCED), paru en septembre 2020, signale que «l'hyperglobalisation est régie par de grandes entreprises qui ont acquis une position de plus en plus dominante sur le marché», de telle sorte que 1 % des entreprises seulement est responsable de plus de 57 % des exportations mondiales.

Le coup de semonce inouï occasionné par la crise sanitaire de 2020 jouera-t-il comme un révélateur ? Le monde d'«avant», avec ses règles de fonctionnement, pourrait se consolider sous l'effet du durcissement de la crise économique et sociale, mais cette crise pourrait aussi être l'opportunité historique d'une prise de conscience collective et planétaire de tous nos excès.

Faisons le pari que le XXIe siècle sera utopique ou qu'il ne sera pas !

L'USURE ET LES COMPTES BANCAIRES DE DIEU

L'argent n'est pas que l'universel entremetteur à la Renaissance. On l'a vu, il est aussi un problème moral. C'est pourquoi la question de l'usure resurgit avec une envergure nouvelle.

Il suffit de penser à la fameuse chapelle de l'Arena à Padoue. Ses murs sont entièrement recouverts par des fresques de Giotto, cinquante-trois, au total. Outre le fait qu'elle soit d'une beauté vertigineuse, c'est l'identité du commanditaire qui est intéressante : Scrovegni fils dont le père était un grand banquier pratiquant, comme la plupart des banquiers de l'époque, l'**usure**, et que Dante avait expédié tout droit en enfer. L'usure ! Quel terrible mot ! C'est l'argent qui enfante, c'est ce métal froid qui altère les choses. L'usurier est celui qui se dresse contre Dieu, qui rejette la nature, qui veut s'enrichir sans travailler.

La motivation de Scrovegni fils est très claire. Il commande cette chapelle à Giotto pour purifier l'argent qui l'a rendue possible. L'argent gagné par l'usure, cet argent qui est de ce fait un signe d'avidité et d'immoralité, est transformé, transfiguré par la beauté. D'ailleurs, l'une des fresques, celle du Jugement dernier, représente Scrovegni père à la droite du Sauveur. À droite se trouvent généralement les Justes et à gauche les Damnés, n'en déplaise à Dante.

Il y a à la Renaissance un conflit entre la religion et le monde des affaires, qu'elles soient financières ou politiques. On assiste donc à la prolifération des activités philanthropiques. Comment soulager la culpabilité de sa conscience pour un riche financier sinon par la commande d'œuvres plus grandioses les unes que les autres ?

Les Médicis étaient champions dans ce domaine. À la question de savoir comment concilier ses affaires et les honneurs terrestres avec le salut de son âme, Côme de Médicis répond en versant 10 000 florins pour la restauration du couvent San Marco ou en finançant largement les œuvres de charité. Petite curiosité de l'histoire, ces contributions philanthropiques apparaissent dans les livres de comptes de la banque sous l'appellation délicieuse de « Compte de Dieu ». Dieu avait ses comptes à la banque. N'était-ce pas aussi une manière de régler ses comptes à Dieu en se libérant de l'aiguillon de la culpabilité ? En tout cas, malgré les implications politiques de ces largesses, il ne faudrait pas sous-estimer l'impact de l'inquiétude.

En écho à ce dilemme d'un homme partagé entre des aspirations métaphysiques et les jouissances terrestres, il y a les recommandations corrosives d'*Utopia* à l'endroit de l'argent.

Que nous dit Thomas More ? Il nous alerte sur le fait que l'or n'a pas de valeur autre que celle que la sottise humaine a bien voulu lui donner. Il évoque la sagesse de la nature qui a laissé à découvert tout ce qui nous est utile, l'eau, l'air, la terre, et a profondément enfoui ce qui est vain et inutile comme l'or et les pierres précieuses. Il faut le citer, son ironie est cinglante : Des Utopiens, il écrit « qu'ils mangent et boivent dans de la vaisselle d'argile et de verre, de forme très élégante, certes, mais de valeur minime. En revanche, dans les lieux publics comme dans les maisons privées, les pots de chambre et les récipients destinés aux usages les plus sales sont d'or et d'argent. Les chaînes et les entraves pour les esclaves sont également forgées dans cette matière. Enfin, tous ceux qui ont commis quelque crime d'infamie portent des anneaux d'or à leurs oreilles et à leurs doigts ».

En lisant Thomas More, il nous vient tout d'abord à l'esprit que le monde a beaucoup changé en cinq cents ans. Il ne viendrait plus à l'esprit de personne, à l'ère du capitalisme débridé, d'avoir la moindre angoisse en générant du profit, de réciter des *Pater Noster* après avoir gagné à la Bourse, ou d'aller au confessionnal après un investissement juteux. Mais là où la Renaissance nous donne encore matière à penser, c'est avec la notion de limite, de tempérance et de cohésion sociétale.

Il n'est de rapport équilibré à l'argent sans en avoir la pleine conscience.

Utopie numérique : une autre utopie contemporaine

Ce que nous observons dans l'utopie libertarienne n'est-il pas relayé par nos utopies numériques, à savoir un glissement progressif de l'intérêt collectif, porté par un projet politique, vers celui d'intérêts privés et strictement économiques? N'ont-elles pas rejoint un monde complètement différent de celui qu'elles avaient promu initialement?

Quelle était cette utopie, à ses débuts? Faisons une petite incursion dans le passé.

Fred Turner, professeur à Stanford en sciences de la communication, fait remonter les racines historiques de l'utopie numérique aux années 1940. Le fascisme en Europe bat son plein. Les mass media sont alors un outil de propagande très important entre les mains des dictateurs. Les Américains, effrayés par la puissance de cet outil de communication unidirectionnel, vont chercher à créer, au contraire, des médias multidirectionnels dans le but de promouvoir une personnalité démocratique.

Roosevelt va mettre en place un groupe de chercheurs pour les faire plancher sur la conception d'un environnement interactif. Les membres de ce groupe, notamment le mathématicien Norbert Wiener, vont contribuer « à façonner la cybernétique, et à voir dans les systèmes d'information le cœur même de la démocratie». Il préconisait déjà de créer un réseau, une toile, l'ancêtre de notre Internet, pour permettre aux individus d'être libres à l'intérieur du système global.

Dans les années 1960, la peur d'un conflit nucléaire a poussé les Américains à accélérer leurs recherches. Dans la hantise de voir leur système informatique piraté, ils ont réussi à mettre en place le premier réseau, un système d'ordinateurs répartis un peu partout dans le pays et connectés entre eux.

Au départ, l'outil numérique a donc été conçu pour être source d'émancipation de la société civile, d'éducation, de prise de conscience politique. Il s'agissait de faire barrage au totalitarisme pour préserver les droits et la liberté des individus.

Or, l'enthousiasme des débuts a peu à peu fait place au scepticisme et à la désillusion. De l'utopie numérique des années 1940 caractérisée par un idéal et un enjeu politique très forts, on aurait insidieusement glissé vers une idéologie numérique. Celle-ci est une sorte de religion de l'information, selon Fred Turner, qui coïncide d'ailleurs avec un affaissement du politique.

Cette religion de l'information repose sur l'idée que tout est fait d'information. Puisque tout est fait d'information, ceux qui ont la compétence technique vont pouvoir tout modeler, tout programmer, tout manipuler *via* les ordinateurs. En un mot, piloter le monde.

Mais la domination d'un outil technologique, exploité par une minorité toute-puissante, peut ouvrir une véritable boîte de Pandore. Il suffit d'observer comment peu à peu l'impératif philosophico-politique d'informer cède insidieusement la place à l'impératif financier d'engranger du profit coûte que coûte. Et cela passe entre autres par le moyen de la désinformation, de la diffusion de théories complotistes, ou encore par la conception d'algorithmes qui risquent d'enfermer les utilisateurs dans leur vision du monde. L'un des anciens designers des géants du Net le dit de manière très décomplexée : « Dans une logique commerciale, cela n'a pas d'importance qu'un contenu soit vrai ou faux. Il faut simplement qu'il suscite de l'engagement : du *like*, du partage, des commentaires, des réactions… »

Nous devenons peu à peu une civilisation du buzz, de la rumeur, du retentissement médiatique. Mais, plus grave encore, ce sont les régimes démocratiques eux-mêmes qui ont le plus à pâtir de ce genre de pratiques. S'il devient de plus en plus difficile de démonter les rouages d'une manipulation de masse par la désinformation, qu'advient-il de ma liberté de choix supposée lors d'un processus électoral, par exemple ?

Giuliano da Empoli décrit bien comment les algorithmes conçus par ceux qu'il désigne comme les « ingénieurs du chaos » réussissent à intercepter les peurs des électeurs, à les amplifier, constituant une nouvelle forme de propagande. « Tous ensemble, ces ingénieurs du chaos transforment la nature même du jeu démocratique […]. Elle est indifférente aux contenus parce que, comme les réseaux sociaux, elle a un seul objectif : celui que les petits génies de la Silicon Valley appellent "*engagement*" et qui en politique signifie adhésion immédiate. Pour les nouveaux docteurs Folamour de la politique, le jeu ne consiste plus à unir les gens autour du plus petit dénominateur commun mais, au contraire, à enflammer les passions du plus grand nombre possible[1]. » Comment ne pas penser à l'aphorisme prophétique de Nietzsche dans *Humain, trop humain* ? Le philosophe allemand sait combien il est plus facile pour l'homme de s'entretenir de douces illusions et de préjugés faciles. Cela conforte un ego contrarié et lui apporte du plaisir. Alors que la vérité pique comme la pointe d'un glaive.

Si on laisse les passions s'échauffer, nous dit Nietzsche en des accents prémonitoires, si on laisse la science perdre du terrain, alors « on peut prédire *presque* avec certitude le cours ultérieur de l'évolution humaine : l'intérêt pris à la vérité cessera à mesure qu'elle garantira moins de plaisir ; parce qu'il s'y attache du plaisir, l'illusion, l'erreur, la fantaisie reconquerront pas à pas leur territoire[2] ». Le « presque » est une concession que Nietzsche concède à la prudence.

1. Giuliano da Empoli, *Les Ingénieurs du chaos*, JC Lattès, 2019, p. 21.
2. Nietzsche, *Humain, trop humain*, Le Livre de Poche, 1995, p. 212.

Pourtant, si nos sociétés confirment leur attraction vers le pôle de la « postvérité », on peut affirmer sans hésiter que ce « presque » était presque de trop.

Le risque est bien là que nos outils numériques, promus au départ pour être facteur d'émancipation, ne deviennent des outils de surveillance généralisée et de restriction des libertés[1]. Il suffit de voir comment les grands groupes et même les États cherchent à tirer profit de nos interactions sur Internet, à orienter nos choix, à exploiter nos données personnelles avec une bienveillance qui n'est pas toujours au rendez-vous.

Le danger latent, qui participe d'un effritement du politique, est bien celui du délitement social. Souvenons-nous, l'utopie numérique de départ visait à créer un nouveau lien social, des espaces d'ouverture, de tolérance, pour devenir l'utopie d'une agora 2.0, comme on a pu l'appeler, ce dont relèvent les réseaux sociaux, d'ailleurs. Elle ambitionnait de lever toutes les barrières idéologiques et religieuses, dans le sillage des contre-cultures et des mouvements hippies pour lesquels Steve Jobs avait ardemment milité.

Les désillusions sont pourtant nombreuses. L'excellent documentaire *The Social Dilemma* (2020), de Jeff Orlowski, basé sur le témoignage d'anciens designers

1. Voir Shoshana Zuboff, *Le Capitalisme de surveillance*, Zulma, 2020.

repentis de Google, Twitter ou Facebook..., révèle ces dérives. Tristan Harris, ex-éthicien du design chez Google qui connaît bien le fonctionnement du système, déclare : « Nous, les entreprises tech, avons créé les outils pour déstabiliser et éroder le tissu social, dans tous les pays en même temps, partout. » Au sujet de l'élection de 2016 qui a porté Donald Trump au pouvoir, il n'hésite pas à affirmer : « La question n'était pas pour qui on votait. Il s'agissait de semer le chaos général et la zizanie [...], de faire deux camps qui ne pouvaient plus s'écouter ni se faire confiance. »

Nous aurions ainsi entre les mains de quoi créer un monde de plus en plus polarisé, divisé, éclaté, désinformé. Si le documentaire pèche par certaines exagérations, il n'en reste pas moins que la plupart des témoignages interpellent et dérangent. Nous sommes arrivés à un point où il devient urgent de redresser la barre afin de réfléchir ensemble à la nouvelle utopie numérique que nous voulons construire pour les décennies à venir.

Une utopie quelle qu'elle soit n'est jamais à l'abri d'un basculement. D'émancipatrice, elle peut devenir narcissique et restrictive. D'où la nécessité qu'elle soit travaillée en permanence par une puissance critique, d'autant que l'utopie numérique, comme toutes les utopies, pourrait-on ajouter, est pleine de paradoxes. Elle est source d'émancipation : elle permet la mobilisation sociale et politique. On l'a vu avec ce qu'on a appelé le Printemps arabe qui a démarré sur les réseaux sociaux, ou, plus récemment, avec cette libération sans précédent sur Twitter de la parole féminine au sujet du harcèlement sexuel. Elle est donc source d'émancipation mais aussi d'exploitation, d'emprisonnement et de narcissisme.

Cette puissance critique est portée par l'espace du laboratoire. Un laboratoire ne recherche pas la perfection mais l'amélioration constante. L'espace du laboratoire peut ainsi nous préserver de l'idée de perfection ou de domination, autant de forces obscures que toute utopie est susceptible de libérer.

L'utopie comme laboratoire

Par l'utopie, l'homme construit des mondes imaginaires qui ouvrent le possible. Ses récits sont autant de contre-mondes arrachés à l'horizon fermé du réel. Ces contre-mondes destinés à devenir un jour des propositions concrètes, s'ils sont construits de manière réaliste, vont s'appuyer sur des critères de faisabilité et de viabilité.

L'utopie est en ce sens une antichambre rêvée pour l'innovateur.

Le sociologue allemand Karl Mannheim la définit comme « ce qui permet d'explorer les possibles latéraux». Voilà de quoi nous sortir d'une conception trop étroite de l'utopie qui consiste à la voir dans sa confrontation avec le réel, dans une tension entre le possible et l'impossible. N'est-ce pas lui assigner un but unique et forcément réducteur? Alors que l'utopie, encore une fois, est destinée à ouvrir des champs et proposer des solutions alternatives aux impasses induites par les excès de notre postmodernité. Elle est en effet une remise en question salutaire des discours ambiants ainsi qu'un révélateur de leurs dysfonctionnements.

Dans cette dynamique d'exploration, il y a d'ailleurs une forme d'audace qui consiste à oser, à penser à contre-courant. Cet exercice n'admet pas la censure. Toute idée a sa place, même la plus extravagante, la plus excentrique. La liberté du créateur s'y épanouit. C'est un espace où il peut penser à contre-courant.

La dimension du jeu dans l'utopie l'y invite. La finalité du jeu se trouve d'abord en lui-même. C'est l'art de diverger, de passer d'une construction à une autre sans logique apparente, recommencer, un peu comme l'enfant, mais jamais de la même manière. C'est une façon de s'approprier le monde, de le questionner, de l'inventer dans une liberté totale sans préjugé ou stéréotype.

On peut dire que l'*Homo ludens* contribue autant à révolutionner le travail que l'*Homo economicus*. Nos sociétés ont trop longtemps considéré ces domaines comme séparés, en surinvestissant le travail d'une valeur sociale et morale. Le travail représentait l'esprit de sérieux opposé au jeu, considéré comme frivole. Aujourd'hui, on redécouvre leur complémentarité. Le jeu est de plus en plus intégré à la vie professionnelle ; il est vu dans sa fonction de rassemblement et de promotion de la créativité. Cela est spécialement vrai dans les métiers de la *Supply Chain* dont le moteur est l'incertitude. Par conséquent, les employés sont amenés à construire des scénarios de type « *What if…* ». Que se passe-t-il, par exemple, si l'on perd un marché, si telle usine ferme ses portes, si tel fournisseur fait défaut ? Des simulations sont effectuées en fonction des différents scénarios qui permettent d'être opérationnel le jour où l'un d'entre eux advient. Seul impératif lors de ces jeux de simulation : le caractère plausible des scénarios proposés. Il est intéressant de noter qu'aucune entreprise n'avait imaginé un scénario aussi subversif que celui de la pandémie de coronavirus. Trop énorme pour être vraisemblable. Et pourtant…

Qui dit jouer dit aussi parier. Être utopiste, c'est parier sur l'avenir. C'est partir d'une incertitude de fait ; cette incertitude dont la Renaissance se réjouissait, d'ailleurs, et qui était plus vue comme un facteur de richesse que de perdition. Montaigne, dans son œuvre, partait du constat de l'ambiguïté du monde pour suspendre son jugement et mieux se laisser façonner par sa diversité. C'est donc partir d'une incertitude puis, au lieu de la craindre, l'utiliser, faire ses paris, faire ses jeux. Et, quand rien ne va plus, emprunter une autre voie, bifurquer.

Il y a quelque chose de pascalien dans l'utopie comme pari sur l'avenir. Rien à perdre, tout à gagner. Un homme rationnel a intérêt à croire, que ce soit en Dieu ou en l'avenir. Si Dieu n'existe pas, le croyant n'aura rien perdu, si Dieu existe, ça l'empêchera d'aller brûler en enfer. Croire en l'avenir, c'est une manière de le faire advenir. Ne pas y croire, c'est tomber dans le piège du défaitisme. More nous dit dans *Utopia* cette chose étonnamment moderne. Il faut avoir la foi, peu importe son contenu pourvu que l'homme soit porté par un idéal plus grand que lui, qu'il soit à la recherche d'un Bien qui le dépasse. Nous sommes dans un système où la croyance, la foi jouent un rôle de tout premier plan. Il n'y a pas d'utopie sans croyance.

Il n'est pas étonnant que la Renaissance se réapproprie l'univers de la mythologie, du songe et de l'inconscient. Elle a cette intuition géniale que l'homme n'est pas qu'une créature de raison. La rationalité seule n'est pas un motif suffisant d'action. La raison, certes, une raison technique, une raison technologique, une raison analytique, mais pas sans les projections fantastiques de l'imagination qui elles seules permettent d'avancer en terrain inconnu.

Ernst Bloch a bien perçu le pouvoir anticipateur de la conscience utopique. La véritable conscience utopique ne se contente pas de rêver le monde mais cherche à inscrire ses désirs de changement dans la matérialité même de ce monde. Elle est donc une conscience qui œuvre en faveur des possibles contenus dans le temps présent.

Dans son ouvrage de référence sur les *Utopies réelles*[1], le sociologue américain Erik Olin Wright démontre qu'une utopie bien conçue a pour vocation première de s'inscrire dans le réel. Les recherches de Wright partent du constat que le capitalisme produit des effets néfastes (destruction de l'environnement, affaiblissement de la démocratie, atteinte aux liens communautaires, encouragement du militarisme et de l'impérialisme, etc.) qu'il s'agit d'atténuer. Plutôt que de s'attaquer frontalement au capitalisme, comme le fit le communisme par une révolution radicale, il suggère d'«éroder» le capitalisme de l'intérieur pour corriger à terme ses excès. Il s'agirait de profiter des failles du système qui seraient autant de possibilités de reprendre la main, pour proposer des alternatives émancipatrices. Il décline de nombreux exemples, certains effectifs, qui ont déjà prouvé leur efficacité, et d'autres, qui resteraient à construire.

Parmi les expériences effectives, on peut citer l'économie de marché coopérative ou encore Wikipédia[2]

1. Erik Olin Wright, *Utopies réelles*, La Découverte, 2010.

2. C'est l'orientaliste Abraham H. Anquetil-Duperron qui a anticipé le concept de Wikipédia, au XVIIIe siècle. Plus personne ne se souvient de lui, aujourd'hui. Pourtant, Anquetil-Duperron est un visionnaire qui avait imaginé une académie du savoir universel avec des agents disséminés un peu partout dans le monde. Ces derniers seraient réunis par un

qui est un moyen anticapitaliste de produire et diffuser de la connaissance.

Parmi les utopies qui seraient à construire, on trouve le revenu universel, le socialisme de marché ou encore l'économie démocratique, participative et non marchande.

Il n'est pas de notre propos de les détailler ici ou de les défendre mais bien d'illustrer en quoi l'utopie est ce laboratoire essentiel d'innovation et de transformation du monde pour peu qu'elle ne s'affranchisse pas des contraintes de l'expérience. En proposant des fins accessibles, à travers des modèles de société ouverts, et susceptibles d'être « corrigés », elle contribue au renforcement de l'émancipation et à la refondation du rapport de l'homme avec son milieu.

Cette idée d'utopie comme laboratoire, c'est la Renaissance qui nous la propose. On observe une prolifération des utopies à la Renaissance, qui s'apparente à l'idée de tester des mondes meilleurs.

◆ L'utopie – laboratoire à la Renaissance

Chez Thomas More déjà on trouve cette idée d'expérimenter de nouveaux mondes. Vers la fin d'*Utopia*, il

système rigoureux de collecte pour transmettre les connaissances à grande échelle. Ne lui manquait que la révolution de l'Internet pour mettre son utopie à exécution.

prend une distance critique à l'égard de son œuvre. Il écrit : «Je ne puis donner mon assentiment à toutes les choses qui furent dites par ce personnage.» Revirement étrange. C'est comme s'il reniait tout ce qu'il avait construit. Mais il serait plus juste de croire qu'il nous invite à un travail expérimental, qui s'élabore en permanence, où l'on n'a pas peur de remettre en question ses propres convictions. Il serait peut-être exagéré de parler d'une méthode, mais nous n'en sommes pas loin.

La dernière phrase du livre nous surprend encore plus quand More écrit : «Je reconnais bien volontiers qu'il y a dans la république utopienne bien des choses que je souhaiterais voir dans nos cités. Je le souhaite, plutôt que je ne l'espère.» Conclusion pour le moins énigmatique.

La Nouvelle Atlantide de Francis Bacon reprend à son compte cette notion d'expérimentation, d'autant plus qu'il s'agit d'une utopie scientifique et non politique. Le projet des Utopiens de *La Nouvelle Atlantide* consiste à faire «reculer les bornes de l'Empire humain en vue de réaliser toutes choses possibles». Francis Bacon décrit ces vergers où «les Utopiens mènent toutes les expériences possibles concernant les différentes techniques de greffe sur des arbres fruitiers comme sur des espèces sauvages; nous parvenons à faire en sorte que les plantes croissent plus vite qu'il ne leur est naturel... Et parmi ces plantes, nombreuses sont celles que nous modifions de telle sorte qu'elles deviennent utiles d'un point de vue médicinal... » Il faut lire la suite du texte dont l'imaginaire relève du XXIe siècle !

L'expérimentation chez Bacon suppose un état d'esprit particulier. C'est la métaphore du voyage qui est utilisée pour désigner le processus de construction de la connaissance. Mais comment ne pas voir dans cette métaphore l'état d'esprit de l'innovateur ? Le marin explore en toute liberté de pensée et d'action, il diversifie les expériences, il se confronte aux usages étrangers pour s'arracher à ses fausses certitudes. Il y a aussi cette idée d'avancer en terres inconnues, de perdre tout repère, de laisser jouer le hasard, de se laisser aller à la dérive sans résistance aucune parce qu'on peut trouver ce qu'on n'attendait pas, ce qu'on ne cherchait pas (en l'occurrence l'île de Bensalem) et qui sera peut-être le socle de grandes découvertes ou de grandes innovations.

L'utopie est résolument cet espace de décentrement. L'espace maritime illimité fonctionne ici comme une expérience de pensée. Bacon nous encourage à devenir des navigateurs de la pensée plutôt que des colonisateurs. La devise qui orne le frontispice de son œuvre nous y engage : « Beaucoup voyageront en tous sens et feront progresser la science ».

En tous sens. La formule est importante. On retrouve cette idée très prégnante à la Renaissance de désordre créatif. D'abord explorer, ensuite construire.

L'homme de la Renaissance aime se perdre, il aime les labyrinthes qui sont une image de la complexité du monde. L'inconnu ne lui fait pas peur. C'est pour cette raison que la *terra incognita* devient la métaphore même de l'espace d'innovation. Mais avant d'être métaphore, la *terra incognita* offre réellement la possibilité de créer à partir de peu de chose. Le Nouveau Monde qu'on découvre va devenir un lieu de prédilection pour expérimenter les premiers systèmes utopiques.

Il y a par exemple Vasco de Quiroga, cet évêque espagnol du XVIe siècle qui a voulu appliquer au Mexique et à ses indigènes le projet politique d'*Utopia* de Thomas More. Il est remarquable de constater que Vasco de Quiroga était porteur d'un projet humaniste. Il n'est pas venu en conquérant pour civiliser les Indiens, il n'a pas cherché à transplanter la vieille culture chez les peuples indigènes. D'ailleurs, il va s'opposer de manière très virulente aux arguments des esclavagistes. Pour lui, les Indiens représentent l'humanité dans sa simplicité originelle. De Quiroga aurait pu revendiquer ces lignes de Shakespeare qu'on trouve dans *La Tempête* : « Ô merveille ! Combien de belles créatures vois-je ici assemblées ! Que l'humanité est admirable ! Ô splendide nouveau monde qui compte de pareils habitants. »

Les Européens, nous dit-il, ont beaucoup à apprendre d'eux. Les Indiens méprisent le superflu, ils jouissent d'une grande indépendance de vie et d'esprit, leur cœur est intact, simple, pur. On peut imaginer que le conseil royal espagnol a accueilli de manière très mitigée ces idées fantasques.

De Quiroga se retrouve isolé, ce qui ne va pas l'empêcher de s'ériger en protecteur des Indiens. Pour les sortir de leur misère, de leurs maladies, de leur désorganisation, il va créer avec ses propres ressources des villages-hôpitaux, leur transmettre des métiers, créer un minimum d'organisation politique tout en respectant leur nature profonde, selon les préceptes de Thomas More.

Il faut savoir qu'aujourd'hui encore on vénère Vasco de Quiroga au Mexique. Le pays estime lui devoir beaucoup en matière de tolérance. Si les Mexicains d'origine indienne peuvent aujourd'hui occuper les plus hauts postes de la République, ce serait, en partie, grâce à Thomas More et à l'évêque espagnol.

◆ L'utopie – laboratoire chez les libertariens : méta-utopies de Nozick

Puissamment portée par la Renaissance, l'idée d'utopie comme laboratoire se retrouve chez le libertarien Nozick, même s'il y a un déplacement radical de sens. Le point de départ de Nozick, c'est la diversité des hommes et leur liberté absolue de choix. Puisque les hommes sont si différents et leurs attentes diverses et variées, créons une multitude d'utopies, une sorte de marché des utopies où chacun trouvera son compte selon son désir du moment. C'est ce qu'il appelle la méta-utopie qui consiste donc à mettre en concurrence diverses utopies, soumises à la loi du marché. Le mode de sélection encore une fois est darwinien. Les utopies qui sont les plus prisées, le plus consommées survivent. Les autres disparaissent d'elles-mêmes.

L'idée de méta-utopie est intéressante parce qu'elle contient cette notion de laboratoire, d'expérimentation de différentes formes de vie, l'accueil de différentes croyances. Mais elle est problématique sur le plan social car elle nous situe dans une sorte de relativisme absolu où plus rien n'a de valeur parce que tout est acceptable, finalement. La méta-utopie peut faire cohabiter des communautés communistes, fouriéristes, des kibboutz, pourquoi pas des communautés racistes. Tout est possible quand c'est le choix individuel qui l'emporte sur le choix collectif.

La méta-utopie, à force de pluralisme, finit par être le lieu de tous les paradoxes et engendrer son contraire. D'ailleurs, à aucun moment Nozick n'apporte de réponse satisfaisante à la question cruciale de savoir comment faire cohabiter toutes ces utopies différentes sans qu'elles entrent en conflit ou en guerre.

L'expérimentation est dévoyée par le fait que ces utopies n'ont pas de fondations véritables et que leur finalité est très incertaine. Dans ce système ultralibéral de laisser-faire, où la liberté formelle est sacralisée, l'homme devient un consommateur d'utopie. Il choisit son utopie comme une chemise ou un pantalon. À la Renaissance, la signification est tout autre. On l'a vu, utopie et humanisme sont inséparables : l'homme se construit et s'améliore lui-même à travers ses utopies. À aucun moment, on ne perd de vue l'idée de progrès. L'humanisme est comme un garde-fou. Quand ce n'est plus le cas, à tout moment l'utopie peut se figer sur elle-même, glisser insidieusement vers le mythe ou l'idéologie.

*

Ne réglons pas trop vite ses comptes à l'utopie. Aujourd'hui, plus que jamais, nous avons besoin d'utopistes pour penser ce monde qui change alors que nous vivons une sorte d'accélération du temps en matière d'innovations technologiques. À l'ère de notre révolution numérique et de l'intrusion envahissante des algorithmes, qui transforment en profondeur notre civilisation, que ce soit nos relations sociales, notre travail ou notre rapport au monde, nous avons besoin plus que jamais de grands rêveurs qui ont cette capacité d'anticiper l'avenir pour mieux le préparer, le désirer aussi au-delà des peurs. Celles-ci naissent toujours d'un manque. Remettre l'homme au centre peut aider à démonter la peur. Une conscience utopique, qu'elle ait une finalité politique ou d'innovation technique, porte des espérances humanistes. C'est l'une des grandes leçons de la Renaissance.

L'utopie a un pouvoir transformationnel qu'il ne faut pas sous-estimer. Les utopies de la Renaissance ont cette volonté de changer le monde. Et la question qu'on peut se poser est la suivante : les utopies de la Silicon Valley changent-elles le monde dans la bonne direction? Le tout-technologique est-il une utopie à désirer? Les utopies numériques, en devenant trop exclusives, ne risquent-elles pas de nous décharger de la nécessité de transformer le monde réel? Ne risquent-elles pas de devenir une désertion du social et du politique? Notre ambition devrait nous porter à nouer ces deux fils ensemble, le technologique et le social, à ne pas laisser toute la place aux utopies technoscientifiques, d'autant que les défis auxquels nous sommes confrontés se situent désormais à l'échelle planétaire.

Souvenons-nous, au XIXe siècle, les utopies sociales cohabitent avec les utopies techniques. Sociales avec Fourier, Cabet, Owen. Techniques avec Jules Verne et ses extravagances visionnaires ou encore Saint-Simon dont l'utopie est un paradis pour les ingénieurs.

Nos utopies modernes, à la suite des humanistes de la Renaissance, devraient continuer à donner forme au progrès et contrer les tentations de repli individualistes, que nos outils numériques ont tendance à amplifier.

Finalement, les crises les plus graves ne sont peut-être pas les crises économiques. On s'en relève toujours. Ce sont peut-être les crises du sens. L'utopie est une réponse à la crise. La frustration appelle la volonté de transformer le monde. L'histoire nous l'a montré : les guerres du Péloponnèse ont engendré la cité idéale de Platon, la corruption des mœurs en Angleterre a donné *Utopia* ; c'est aussi peut-être parce que l'Italie du XVe siècle était prise entre guerres intestines et convoitises extérieures qu'on trouve alors chez les philosophes les plus belles pages sur la liberté.

Et c'est parce que, aujourd'hui, notre postmodernité semble se confondre avec la crise en tant qu'événement qu'il est temps de penser autrement le système et d'inventer de nouveaux récits pour répondre aux nombreux défis qui nous caractérisent : écologiques, économiques, technologiques…

Ne l'oublions pas : l'utopie procède d'un optimisme de la volonté, elle est un acte de résistance, elle est le choix de l'audace. Il y a une audace utopique. La Renaissance l'a montré en long et en large. Elle est l'incarnation sur deux siècles de la parole de Virgile : « Ils peuvent parce qu'ils croient pouvoir[1]. »

En ce sens, l'utopie est peut-être ce dont nos sociétés ont le plus besoin. Elle insuffle une dynamique essentielle et contribue à construire notre quête de sens collectif. Ne sommes-nous pas nous-mêmes d'ailleurs le produit de plusieurs utopies, que ce soit celle de la liberté religieuse ou du suffrage universel ?

1. Erik Olin Wright le formule dans *Utopies réelles, op. cit.*, p. 42 : « Les limites réelles de ce qui est réalisable dépendent en partie des croyances qui portent sur le type d'alternatives que nous concevons comme viables. Il s'agit d'un point crucial et d'un argument sociologique fondamental si nous souhaitons aborder la question délicate des “ limites du possible ” pour un changement social. »

3

L'alchimie, un imaginaire qui lie

Marier la science à la poésie

L'alchimie, dans l'esprit de beaucoup, se résume à un tas de vieux livres moisis et indéchiffrables. Pour les amoureux de la saga de *Harry Potter*, elle est associée à Nicolas Flamel, grand alchimiste et ami de Dumbledore, qui réussit l'exploit de fabriquer la pierre philosophale. Les alchimistes pourtant, au-delà de l'anecdote ou de la fiction, soulèvent des questions qui demeurent très actuelles. Dans une société qui perd de plus en plus l'horizon du sens, ils nous invitent à rechercher notre propre pierre philosophale. En cette phase de l'histoire de l'humanité, hantée par ses crises écologiques, les alchimistes nous permettent de fonder un autre rapport au monde du vivant. Qui revalorise l'imagination dans sa fonction de grande lieuse. « Allons chercher nos images dans l'œuvre de ceux qui ont longuement rêvé et valorisé la matière : adressons-nous aux alchimistes », préconisait Gaston Bachelard.

Le statut qu'ils donnent à la matière est une épiphanie du vivant qui résonne avec notre transition écologique et la stimule. La pierre philosophale est une image de ce que pourrait être une humanité réconciliée avec elle-même[1]. C'est la pierre virginale, la pierre intacte, la pierre de tous les commencements. En elle sont latentes toutes les virtualités. À son contact, tout se transforme, tout se recrée, tout se régénère. C'est l'âme de la création, le principe de ce qui nous anime.

À quoi bon continuer à rechercher le trésor perdu de Nicolas Flamel ?

Ne se trouve-t-il pas là, devant nos yeux ? Le voilà, le grand secret des alchimistes : l'or enfoui, l'or désiré, l'or qui est l'objet de toutes les quêtes, de toutes les convoitises, c'est la pierre qui le donne. Mais la pierre se trouve à l'intérieur, enfouie au plus profond de notre être. C'est un pouvoir de l'esprit. La transmutation s'opère résolument dans le secret de l'âme pour s'étendre ensuite au monde matériel.

La portée de cette réversibilité de la matière et de l'esprit est considérable. Nous sommes très loin d'en

1. Le *Timée* de Platon, qui est un récit sur les origines du monde, sert de canevas théorique aux alchimistes. Pour Platon, les quatre éléments, le feu, l'air, l'eau, la terre, ont une même substance qui est la *materia prima*, la matière première liée au chaos. C'est la substance de toute chose, de l'univers, des créatures, de la conscience. Elle est comme l'arbre du monde dont les fruits seraient le soleil, la lune, les planètes, etc. Elle est l'origine et elle est le fruit.

avoir épuisé le suc. Car la pierre philosophale est aussi la pierre du créateur, de l'innovateur.

La querelle est ancienne entre vision poétique et vision scientifique du monde. Mais pourquoi faudrait-il choisir entre l'utopie et le scientisme, entre le rêve et le réalisme, entre le réel et le possible ? Les alchimistes ont eu l'audace de faire dialoguer différentes formes de rationalités. Ils opèrent un mélange constant entre connaissances « scientifiques » et croyances magico-religieuses, entre pratiques artisanales et expérimentations médicales.

On trouve chez eux une union étonnante entre la technique et la mystique, entre la science et la poésie, domaines qui restent soigneusement séparés aujourd'hui. Jusqu'à la Renaissance, les frontières sont très poreuses entre la science authentique et la magie, qui est l'art de comprendre les correspondances entre l'homme et le cosmos. Or c'est cette confluence même qui a joué un rôle fondamental dans les découvertes de cette époque, jusqu'à la nôtre.

Des esprits féconds et non des moindres ont été profondément marqués par la démarche alchimique qu'ils ont développée parallèlement à leurs travaux scientifiques : Newton, pour ne citer que le plus connu, Paracelse, Bruno ou encore Leibniz, le philosophe rationaliste par excellence. À tel point qu'aujourd'hui on s'interroge sur l'influence de l'alchimie dans leurs découvertes ou leur système.

Et si nous renouions avec l'alchimiste qui dort en nous pour partir à la quête de notre propre pierre philosophale? Pierre de guérison, pierre de création, pierre de germination. Qui n'en a pas rêvé?

Bien sûr, il ne s'agit pas pour nous de ressortir nos alambics, nos creusets et autres pots de sublimations mais de relativiser peut-être l'orgueil d'une raison qui cherche à avoir l'exclusivité. Hannah Arendt nous mettait en garde. Selon elle, «la barbarie politique a trouvé son terreau dans cette inflation du scientifique et du technique au détriment de notre insertion sensible et symbolique dans le monde».

Être alchimiste aujourd'hui, c'est retrouver le chemin de cette insertion. C'est se positionner à rebours de la démarche cartésienne pour retrouver la juste place de l'homme dans son milieu.

Instaurant un rapport plus poétique au monde, les alchimistes nous invitent à renouer avec des forces plus spirituelles dont la nature est la dépositaire. Le geste alchimique consisterait alors à prendre la nature pour guide, à réapprendre à déchiffrer ce livre dont nous avons perdu les clés.

Un peu d'histoire…

L'alchimie a des origines historiques et légendaires. Historiques : elle se serait déployée en Chine, en Babylonie, en Iran, et en Arabie plusieurs siècles avant notre ère, mais c'est l'origine gréco-égyptienne qui reste privilégiée.

Légendaires parce que l'alchimie est dominée par la figure imposante d'Hermès Trismégiste, ce mage égyptien omniscient qui descendrait de la divinité égyptienne de la sagesse Thot-Hermès. On lui attribue des œuvres, l'*Asclepius* et le *Pimandre*, qui relatent la création du monde. On sait maintenant que ces textes intuitifs, magiques et mystiques sont nés sous la plume de différents auteurs grecs. Il n'est pas anodin que cette œuvre collective se soit épanouie après la grande poussée intellectuelle grecque (au VIe siècle avant notre ère) comme s'il y avait une lassitude généralisée pour l'approche purement spéculative et rationnelle. L'homme d'alors convoque autant la raison discursive que la puissance du mythe et de l'imaginaire.

Il est curieux d'observer comment la pensée, sous sa forme moderne, émerge peu à peu du mythe dans les cités grecques d'Asie Mineure. L'anthropologue Jean-Pierre Vernant considère que, dans son mouvement d'« esquive », la pensée spéculative a une démarche positive en ce sens qu'elle ne détruit pas le mythe mais qu'elle en transforme subtilement le contenu pour lui donner une assise rationnelle.

Il y a bien une éruption du Logos qui marque un commencement absolu en accordant à la Raison le monopole sur toute autre forme d'expression. Toutefois, les philosophes empruntent à la mythologie son système d'explication du monde. En effet, la cosmologie des philosophes – il faut relire le *Timée* de Platon – reprend et prolonge les mythes cosmogoniques de l'époque en les détournant de leur sens. Ainsi les dieux individualisés deviennent-ils des puissances actives de la nature. La nature, la *physis*, est petit à petit dépouillée des éléments sacrés qui la définissaient pour devenir un mécanisme. Il reste donc une filiation forte entre mythe et philosophie.

C'est dans cet environnement dominé par la raison qu'apparaît la figure fascinante d'Hermès. Fascinante, parce qu'elle n'a jamais existé ! Et pourtant, l'adulation de cette figure mythique a perduré pendant des siècles. À la Renaissance encore, princes et philosophes lui vouent un culte. Comment l'expliquer ?

Il est fort probable que l'hermétisme ait été une manière, pour l'inconscient collectif, dirions-nous aujourd'hui, de réinjecter du mythe et de la mystique dans un monde dominé par la dialectique. La magie hermétique a voulu comme réparer cette déchirure provoquée par la pensée rationnelle entre la Nature et le divin, entre la Science et la Religion. On a donc fait d'Hermès le détenteur d'une Révélation philosophique destinée à restaurer un équilibre rompu.

En finir avec le dualisme

Quel enseignement pour nous aujourd'hui, nourris du rationalisme des Lumières et de la logique formelle aristotélicienne ?

Les alchimistes nous rappellent de manière salutaire que la dichotomie qui a façonné la pensée occidentale n'est pas la plus propice à la créativité. Là où Platon, par exemple, installe le dualisme entre le même et l'autre, l'identité et la différence, les alchimistes perturbent la dichotomie pour aller vers une pensée nomade, plus propice aux explorations qui président aux grandes découvertes.

Pour eux, le dualisme est une pure illusion. Ouvrons le livre de la nature. Il nous enseigne que les antagonismes qui y sont à l'œuvre ne sont pas une force d'exclusion mais de transformation et de création. Entre le ciel et la terre, l'esprit et la matière, le sensible et le rationnel, le lien est profondément organique. Les principes symboliques constitutifs de la matière, le soufre, le mercure et le sel, se rejoignent, libérant, à notre insu, une énergie vitale.

Les alchimistes nous laissent imaginer que la rupture de ce lien organique n'est pas sans conséquence.

Que sépare le dualisme d'exclusion ?

Chez les alchimistes, le tiers exclu forme une sorte de pierre d'angle qui leur a permis d'ailleurs d'anticiper certains aspects de notre modernité scientifique.

Deux domaines en particulier résonnent avec la démarche alchimique : la physique quantique et les expériences psychiques. Ici et là, les opposés coïncident, au défi de la logique ordinaire.

Dans la physique quantique, en effet, une chose peut être en même temps autre chose. La règle de la physique des quantas est la discontinuité. Le changement procède par bonds, la mutation est toujours inattendue. L'alchimiste a incontestablement l'esprit quantique dans la mesure où le processus de transmutation de la matière s'opère pour lui par « à-coups », de manière non linéaire. Le passage d'un état de la matière à un autre s'apparente plus à une soudure qu'à une synthèse.

Quant au domaine psychique, là aussi les analogies sont profondes avec l'esprit alchimique. L'alchimie a été, par exemple, une grande source d'inspiration pour Carl Jung. Le psychanalyste fait du psychisme la *materia prima* qu'il s'agit de comprendre et de guérir. Pour lui, le parallélisme est parfait entre la transmutation de la matière et le devenir de notre personnalité (l'individuation), entre la matière et l'inconscient : « Cette curieuse faculté de métamorphose dont fait preuve l'âme humaine est l'objet essentiel de la philosophie alchimique, écrit-il. Ce serait une erreur impardonnable de ne voir dans l'alchimie que des opérations de cornues et de fourneaux [...]. L'alchimie a un côté vie de l'esprit qu'il faut se garder de sous-estimer, un côté psychologique dont on est loin d'avoir tiré tout ce que l'on peut tirer. Les alchimistes ont été les précurseurs de la psychologie la plus moderne[1]. »

Par conséquent, la thérapie jungienne se fonde sur l'esprit alchimique en ce sens qu'elle se veut un mélange subtil de volonté et de lâcher-prise. Si la matière est dynamique, bouillonnante, transformationnelle, alors il en va de même pour l'inconscient qui doit contenir en lui des forces d'autoguérison. Il ne servirait donc à rien de chercher à le manipuler, à le dompter. « L'inconscient, nous dit-il, est une sphère du psychisme qui ne se laisse domestiquer qu'en apparence, et toujours pour le plus grand dommage de la conscience. [...] Il est un domaine de la nature qui ne peut être ni amélioré ni corrompu : nous pouvons nous mettre à l'écoute de ses secrets, mais il échappe à nos manipulations[2]. »

1. Carl Jung, *Psychologie du transfert*, Albin Michel, 1996.
2. *Ibid.*

À la suite des alchimistes, Jung choisit de mettre sa confiance dans la nature. Il faut savoir s'abandonner à elle car elle reste le grand maître d'œuvre. D'où la formule finale de *Ma vie* : « Je me tiens là, debout, admirant ce dont la nature est capable[1]. »

L'art alchimique devient chez le psychologue de Zurich un laboratoire d'expérimentation de la vie de l'âme qui permettrait d'éclairer et de guérir le mal-être de l'homme contemporain.

Sa démarche nous interroge sur ce que pourrait être notre propre alchimie intérieure. La Renaissance nous offre diverses pistes. Et si nous prenions, par exemple, « l'alchimiste » Montaigne pour maître d'œuvre ? N'est-il pas l'essayiste qui mélange les ingrédients en vue de se forger une âme universelle accueillante à tous ? À nous de créer le laboratoire de nos propres *Essais*, celui où l'humanité se cherche et se trouve à la faveur des échos, des résonances, des croisements, des tissages, de cette infinie circulation des idées qui fait de chaque chemin une bifurcation nouvelle.

1. Carl Jung, *Ma vie*, Gallimard, 1991.

LA RENAISSANCE : UN ÂGE D'OR DE L'ALCHIMIE

La Renaissance offre un terrain privilégié aux activités alchimiques et à la recherche d'immortalité. L'homme prend triomphalement conscience de sa liberté. Cadeau empoisonné s'il en est, car cette faculté « nouvelle » lui en fait aussi découvrir les limites. Il se rêve comme un dieu et se découvre voué à la finitude.

L'infinitisme cosmique exacerbe davantage son sentiment de finitude. L'homme doit désormais faire face à un cosmos vertigineux où tout n'est qu'impermanence et changement. Pis que cela encore, l'esprit dans sa fonction mesurante est mis à rude épreuve. Comment l'homme peut-il continuer à être la mesure de toute chose alors que s'affirme une disproportion radicale entre lui et le monde ? Avec ce passage d'un monde clos à un univers infini, pour reprendre le titre bien connu de l'ouvrage d'Alexandre Koyré, c'est l'ensemble du savoir humain qui est remis en cause. La pensée découvre qu'elle n'a plus prise sur les choses.

L'infini cosmique place l'homme face à un abîme ! Au sein duquel il est bien peu de chose. Crise de la connaissance va de pair avec urgence de l'action. Si l'homme ne peut connaître, il doit agir. C'est l'action qui se substitue désormais à la connaissance pure.

L'alchimiste est résolument à l'honneur ! Si ce don de la liberté est un pouvoir, se dit l'homme de la Renaissance, autant chercher à savoir jusqu'où celui-ci peut le mener, jusqu'à quels seuils interdits ! C'est cela qui va guider le mage ! Son art n'est plus seulement destiné à contempler le monde[1]. Il veut connaître la nature, cette « chambrière de Dieu », pour agir sur elle. Il veut changer le cours naturel des choses, s'approprier son destin. Souvenons-nous du Faust de Goethe qui s'écrie : « Voici le temps de prouver par des actions que la dignité de l'homme ne cède point à la grandeur d'un dieu. » Nous y voilà ! Grâce à son art, le mage peut enfin rivaliser avec Dieu. On observe donc un déplacement de la puissance depuis la divinité jusqu'à l'homme.

La fabrication de l'homoncule procède de cette démarche conquérante : créer un homme parfait, à en croire les œuvres de sa créature. Œuvrer comme Dieu, contourner la femme, avoir finalement la toute-puissance sur la vie.

1. À la différence des Grecs qui privilégiaient la spéculation rationnelle, ou du Moyen Âge qui destinait l'homme à la contemplation, le mage de la Renaissance est le premier à infléchir ce mouvement et à ancrer la dignité de l'homme dans l'exercice de ses pouvoirs. À noter que c'est l'alchimiste qui a inventé le laboratoire, le fait de manipuler, d'expérimenter, de rechercher, faisant fi du discrédit frappant les occupations manuelles au Moyen Âge. D'ailleurs, la plupart des instruments de manipulation que les alchimistes ont inventés sont encore utilisés dans les laboratoires (spatules, appareils de distillation, alambics, cornues…), ainsi que leurs procédés.

C'est Paracelse qui nous fournit la recette de la fabrication de l'homoncule dans le *De natura rerum*. Il faut renfermer dans un alambic, nous explique-t-il, de la liqueur spermatique pendant quarante jours, après quoi apparaîtra la forme d'un homme qui devra être nourrie, à son tour, pendant quarante semaines de sang humain. Ce petit homme, étant né par un procédé technique qui ne doit rien à la reproduction sexuelle, a un statut à part : « On n'a rien à lui apprendre, au contraire c'est à lui d'enseigner aux autres. Son génie l'élève au-dessus des hommes et les rapproche des esprits. » Avis aux expérimentateurs !

Quant à Francis Bacon, il prolonge dans *La Nouvelle Atlantide* ce rêve de créer une nature artificielle, plus efficace que la nature dans son cours ordinaire. Les habitants de Bensalem cherchent en effet à « fabriquer de nouvelles espèces » en essayant de « transplanter une espèce dans une autre », à « augmenter la force et l'activité, à prolonger la vie, à augmenter et élever le cérébral ». Texte d'une modernité étonnante qui semble extraite de la charte transhumaniste de l'homme augmenté.

Où est passée l'âme du monde ?

Témoin peut-être d'une civilisation disparue, Platon se fait narrateur de l'un des récits les plus extraordinaires qu'il nous ait été donné d'entendre. Il nous rapporte l'histoire des habitants de l'Atlantide qui respectaient le principe divin. Soucieux de la vérité, ils vivaient avec modération et prudence. La voix de la Pythie de Delphes s'était-elle portée jusque chez eux? En tout cas, ils en appliquaient les préceptes : connais-toi toi-même et sans rien de trop. Sans rien de trop, de telle sorte que l'or était plus pour eux un fardeau qu'une chance. Mais peu à peu, par manque de vigilance peut-être, leur appartenance divine commença à s'estomper. L'humanité prit alors le dessus sur le principe divin et les habitants de la Nouvelle Atlantide commencèrent à dégénérer, leur âme à s'altérer. Ils se laissèrent dominer par les passions et voulurent étendre leur puissance et leurs richesses. Voyant la dépravation de cette civilisation autrefois si vertueuse, Jupiter, le dieu des dieux, s'adressa au peuple de l'Atlantide et leur dit…

Il leur dit des choses que nous ne saurons jamais. Car ici s'interrompt brusquement le texte. À ce moment décisif! Il leur dit… La suite du texte est perdue. Définitivement! Mais est-il vraiment perdu? Ne peut-on imaginer que Jupiter, face à l'ampleur des méfaits de l'humanité, perde la voix? Il s'abîme dans un silence… philosophique. Mieux, il donne peut-être, par cette page blanche, l'occasion à l'humanité de redresser ses torts. Il leur dit… Ainsi s'achève le texte de Platon qui exaspère l'attente, sculpte l'interrogation, creuse le silence… Ce «il leur dit» nous élance dans une nouvelle quête du Graal : l'âme du monde.

Et si Jupiter avait demandé : « Où est passée l'âme du monde ? »

La crise du sens qui frappe nos sociétés contemporaines ne serait-elle pas reliée à cette perte ?

Où est passée l'âme du monde ? Et si les alchimistes seuls connaissaient la réponse ?

L'*anima mundi* est au cœur de l'alchimie. Elle est ce principe spirituel qui anime la Création entière. Pour les alchimistes, le monde est un être vivant avec une âme, une intelligence. C'est une entité unie, dont tous les éléments résonnent les uns dans les autres. Voilà pourquoi il n'y a pas de matière vile. L'esprit est partout. Et le Grand Œuvre alchimique a pour finalité de régénérer la Création entière, de la révéler à elle-même.

L'*anima mundi* n'est pas un concept philosophique abstrait. Elle relie l'homme au monde. C'est notre conscience commune. Elle nous interpelle dans notre manière d'habiter le monde, faisant appel à la responsabilité de l'homme. Responsabilité de connaître, de comprendre, de révéler le monde et l'homme, l'un par l'autre, à eux-mêmes. Responsabilité pour l'homme de récapituler l'univers, aurait dit Jean-Pic de la Mirandole.

En 1951, Heidegger prononce la conférence « Bâtir, habiter, penser ». Habiter, nous dit-il, ce n'est pas se loger. L'auteur de *Être et Temps* (1927) nous renvoie à une question essentielle : savons-nous réellement habiter le monde? Selon lui, l'habitat n'est pas une fonctionnalité parmi d'autres, c'est le propre de la condition humaine. Savoir habiter, c'est savoir être. Car habiter ne désigne rien moins que «le séjour de l'homme sur terre». Il n'est de séjour digne de ce nom que dans le «ménagement de la terre, dans ce qui ménage toute chose dans son être». Heidegger prophétise notre drame écologique.

Il n'est jamais anodin de congédier l'âme du monde. Car en ce geste s'exprime notre rapport à la terre.

C'est une autre alternative que propose le mage-alchimiste. Dans le plus petit battement d'ailes de papillon il reconnaît l'âme du monde. Il se met à l'école de la nature, l'observe minutieusement pour savoir l'interpréter et connaître les propriétés des choses. Le mage incarne à merveille la formule de Francis Bacon qui estime que «ce ne sont pas des ailes qu'il faut à notre esprit, mais des semelles de plomb». Autrement dit, pour le mage, les envolées de l'esprit doivent composer avec l'exercice expérimental, fût-il au ras du sol.

La Renaissance invente le biomimétisme

À la Renaissance, progrès technique et observation de la nature sont étroitement liés.

Le mage-alchimiste a donc la nature pour maître. Il en connaît les sympathies cachées qui lui permettent de l'imiter… avant d'agir sur elle pour la transformer. C'est pour cette raison qu'on venait le consulter afin d'obtenir guérison, bienfaits spirituels ou même matériels.

Paracelse, le mage-médecin, invente l'homéopathie en activant un système d'analogie entre le petit monde qu'est l'homme et le grand monde qu'est l'univers. On lui doit par ailleurs l'invention des tout premiers médicaments.

Les ingénieurs et artistes ne sont pas en reste. Léonard de Vinci, on l'a dit, crée l'ornithoptère, une machine volante inspirée des oiseaux, qui a résolument ouvert la voie aux pionniers de l'aéronautique.

Le mage-philosophe Giordano Bruno lui aussi observe cette nature en transformation perpétuelle. Il constate avec fascination que cette « instabilité » ne génère pas le chaos. La nature a une rationalité qui lui est propre. Une intuition l'anime : si l'homme veut survivre aux crises successives qui menacent le monde, il se doit de coopérer avec la nature, de s'inspirer de ses métamorphoses afin d'affirmer à son tour sa propre puissance de création. Pour Bruno, la nature est l'école d'innovation par excellence. Elle est un livre de créativité dont on tourne les pages avec infiniment de précaution car elle permet d'entrer sur la pointe des pieds dans le laboratoire de Dieu.

Les hommes de la Renaissance établissent un lien de coopération avec le monde vivant. Ils en reçoivent leurs plus belles leçons d'ingéniosité.

Indéniablement, les premières pages du biomimétisme commencent à s'écrire…

Le biomimétisme contemporain renoue avec bonheur avec les enseignements du passé. En effet, quand nous nous inspirons du vivant pour créer dans différents domaines, autant industriels qu'architecturaux ou urbains, c'est l'esprit même de la Renaissance que nous mettons en œuvre.

C'est par exemple prendre des leçons d'une étoile de mer pour découvrir les molécules impliquées dans le développement de certaines formes de cancer. Ou encore des chimpanzés qui se traitent contre le paludisme avec certaines plantes. C'est chercher à imiter le vol des grands rapaces pour réduire la consommation de carburant des avions. C'est aussi tirer des enseignements des « maisons-cathédrales » des termites qui savent ventiler leur habitat par d'ingénieux systèmes de conduits d'air.

Nourrir son imagination par l'observation de la nature suppose un état d'esprit fait de patience et d'humilité qui contraste avec l'esprit d'urgence propre à notre postmodernité. Le lent travail de maturation, à l'œuvre dans la nature, est une leçon de vigilance par rapport à notre accélération technique qui modifie notre rapport au temps, au risque de nous aliéner toujours davantage, en nous faisant perdre le contact avec le monde.

Paracelse, Newton, Bruno, trois cas d'école…

Qu'ont en commun Paracelse, Newton et Bruno ? Ils nous donnent à voir les fruits prodigieux d'une imagination qui rêve, décrivant ce qui pour le commun des hommes reste caché. N'ont-ils pas été inquiétés chacun à sa manière pour leurs intuitions fécondes, l'un en étant expulsé de l'université, l'autre en étant raillé et le troisième enfin conduit au bûcher ? Ils ont su résister avec bravoure contre la doxa dominante, en incarnant la fameuse formule de Michel-Ange : « Le plus grand danger qui nous guette n'est pas de viser un but trop élevé et de le manquer, mais plutôt de choisir une cible trop modeste et de l'atteindre. »

Paracelse entrevoit le régénérateur cellulaire

À l'époque de Paracelse, la science et la magie sont liées. Alors que la magie donne la raison des choses, la science en dévoile la magie. Le passage du réel à l'imaginaire se fait naturellement, comme si le mage avait l'intuition d'une réalité cachée, imperceptible à nos sens.

Le mage-médecin Paracelse récuse tout dualisme entre le corps et l'esprit, entre l'homme et l'univers. Il a une intuition géniale qui anticipe bien des théories psychologiques contemporaines : un corps malade est un corps qui a perdu sa connexion vitale. Ce constat résonne puissamment avec notre crise écologique. Le mage-médecin semble nous envoyer une mise en garde : si l'homme perd sa place dans l'écosystème et rompt l'équilibre entre l'intérieur et l'extérieur, il se met en danger.

Pour Paracelse, l'homme et l'univers sont donc unis par une synergie parfaite. Il y a une analogie entre le microcosme et le macrocosme. Le corps humain est fait d'éléments qui sont en interaction directe avec son environnement. Son diagnostic est sans appel : à rompre cet équilibre, l'homme s'expose à la maladie. En se remplissant trop de lui-même, l'homme coupe son lien vital avec la nature. Il participe à la maladie du monde. Les correspondances entre le monde extérieur et le monde intérieur sont telles qu'il est difficile de guérir l'homme sans guérir le monde. Leur destin est lié. D'ailleurs, la tâche du philosophe, pour Paracelse, est de veiller jalousement à cet équilibre. « La philosophie n'a qu'un seul but, la nature. La philosophie n'est que la nature invisible, la nature n'est que la philosophie rendue visible. »

Paracelse va tenter de restaurer cet équilibre rompu. Pour lui, l'homme est un mélange chimique dont la maladie a rompu la stabilité. Comme la chimie du corps et la chimie de la nature présentent des analogies, il faut les comprendre pour trouver des remèdes efficaces qui rétablissent la synergie entre les deux. C'est ainsi qu'il découvre que la goutte est causée par la précipitation de sels dans les articulations. Pour la guérir, il prescrivait des médicaments pouvant s'attaquer au tartre ou aux dépôts de sels dans le corps, devenant ainsi le tout premier médecin à orienter l'alchimie vers la fabrication de remèdes chimiques empiriques. Il rompt pour la première fois avec la pharmacologie traditionnelle qui s'en tenait encore à l'usage de la thériaque pour guérir de multiples maladies. Utilisée depuis l'Antiquité, la thériaque est ce mélange de chair de vipère et de soixante-quatre autres ingrédients, plus extravagants les uns que les autres, dont la seule vue suffisait à faire tourner de l'œil au malade !

Mais Paracelse l'alchimiste pousse encore plus loin ses recherches. Il veut essayer d'arracher à la nature son secret : la pierre philosophale qui, à l'état liquide, devient élixir de jouvence. Paracelse nous dit de cette pierre liquéfiée « qu'elle guérit toutes les maladies, enlève le poison du cœur, humecte la trachée-artère, libère les bronches, guérit les ulcères. Elle rend aux vieillards la jeunesse »... Pour les alchimistes, régénération spirituelle et matérielle ne sont qu'une seule et même chose. Certains d'entre eux n'hésiteront pas à pousser les pouvoirs merveilleux de la pierre à l'extrême en lui prêtant ce fameux pouvoir d'immortalité[1]. De l'élixir de jouvence à l'élixir de longue vie, il y a une frontière ténue qui est d'autant plus facile à franchir que cette croyance est fondée philosophiquement. En effet, la pierre est la matière animée du commencement. Elle permet de remonter le fil de la Création et d'être en communion parfaite avec l'Absolu. Cette pierre antérieure au péché originel a le pouvoir magique de régénérer.

Les alchimistes se laissent porter par leur rêve : la quête obsessionnelle de la matière originelle. Mais ce rêve – c'est là toute sa puissance – a prise sur le réel. Il s'adapte à ses contingences, bifurque à l'occasion de l'expérimentation.

Cette démarche permettra aux alchimistes de faire des découvertes importantes. En quête de leurs chimères, les adeptes s'activaient dans leurs laboratoires pour extraire de chaque corps ses propriétés les plus actives et d'en élaguer les substances les moins énergiques. Cherchant à abstraire cette quintessence des éléments par l'art des distillations, sublimations, calcinations, cristallisations, ils réalisaient en fait les premiers médicaments. En effet, le travail de décomposition des éléments de la matière leur a permis de

1. Georges Dumézil a réalisé une thèse sur les boissons d'immortalité dans les civilisations indo-européennes, devenue un livre, *Le Festin d'immortalité*, Paul Geuthner, 1924.

mieux en connaître les propriétés chimiques et d'obtenir des combinaisons nouvelles.

Dans leurs recherches, ils disposent d'un guide puissant : leur foi. D'où la superbe formule de Paracelse qu'aucun innovateur ne pourrait renier : « L'imagination est confirmée et achevée par la foi que tout s'accomplit réellement ; car le moindre doute vient briser l'œuvre. »

Ils nous livrent une leçon de persévérance et d'espérance. De persévérance, parce que leur quête a été reconduite siècle après siècle sans que rien ne fasse vaciller leur foi, et d'espérance, car la poursuite de leur rêve, loin de les décevoir, les a menés encore plus loin qu'ils ne l'avaient imaginé, leur faisant entrevoir l'horizon scientifique des siècles à venir.

◆ L'élixir de jouvence, ancêtre de la médecine régénérative

La pierre philosophale ne trouve-t-elle pas son équivalent aujourd'hui dans les régénérateurs cellulaires ? Ne pourrait-on pas en effet considérer que les cellules souches qui défient la mort sont autant de pierres philosophales[1] ? En effet, prélevées à un stade précoce, ces

1. Voir l'ouvrage de Nicole Le Douarin, professeur au Collège de France, *Les Cellules souches, porteuses d'immortalité*, Odile Jacob, 2007. La quête d'immortalité initiée par les alchimistes a fonctionné, au cours des siècles, comme un formidable moteur de recherche.

cellules ont la caractéristique d'être indifférenciées et de pouvoir être reprogrammées génétiquement.

N'est-il pas fascinant de savoir qu'il existe des cellules pluripotentes capables de se différencier en n'importe quelle cellule spécialisée du corps humain pour le guérir, le restaurer (elles peuvent, par exemple, reconstruire des tissus neuronaux touchés par des maladies neurodégénératives ou encore reconstituer les parties lésées de la moelle épinière), ou même le régénérer ?

Selon des chercheurs de la faculté de médecine de Stanford, il serait désormais possible de rajeunir les cellules humaines. Exposées un certain temps à des protéines fondamentales dans le début du développement embryonnaire, les cellules souches ont prouvé qu'elles pouvaient retarder l'horloge biologique de deux à trois ans. Et, à terme, guérir les maladies liées au vieillissement.

Toutefois, la médecine régénérative est encore loin de pouvoir déployer ses pleines potentialités. Car si les chercheurs savent reconstituer, par exemple, des tissus fonctionnels à partir de cellules souches, ils ne savent pas passer du laboratoire à la chirurgie.

Mais l'espoir de régénérer tissus et organes est bien là. Ce qui nous porte à croire que les protéines et les cellules souches sont peut-être la *materia prima* que recherchaient les alchimistes pour accéder à la fontaine de Jouvence !

Les alchimistes, reconnaissons-le, ont écrit les pages d'un véritable roman d'anticipation. Ce qui à l'époque était à l'état de recherche pourrait un jour devenir réalité.

Newton alchimiste découvre la gravité

Peu de gens savent que le père de la physique moderne a pratiqué l'alchimie pendant plus de trente ans ! Et pourtant, il nous a laissé des travaux alchimiques d'envergure qui relatent, entre autres, ses nombreuses tentatives de changer du plomb en or.

Avec le développement de la philosophie mécaniste au XVIIe siècle, l'alchimie est en perte de vitesse et ses détracteurs sont de plus en plus nombreux. Newton, voulant se démarquer de l'interprétation purement mécaniste de la nature, va trouver dans l'alchimie une source d'inspiration féconde.

Ce qui séduit d'abord Newton dans l'alchimie, et qui va influencer de manière déterminante son œuvre scientifique, c'est cette interprétation globale, cohérente et équilibrée qu'elle lui offre du monde et des phénomènes naturels.

Newton, qui est un esprit tout autant scientifique que religieux, trouve en effet dans l'alchimie une manière de réconcilier la physique mécanique qui repose sur une conception neutre de la matière avec une vision plus spirituelle de la Création. Dans ses années de formation universitaire, il menait de front trois projets qui nouent des fils complexes et qui déterminent son œuvre : l'un apologétique, qui cherche à montrer la grandeur de Dieu dans la Création ; l'autre alchimique, et le troisième physique et mathématique.

Dans la droite ligne de ce triple projet, Newton s'était opposé à la physique mécaniste de Descartes. Pour lui, Descartes n'accorde que trop peu de place à Dieu qui n'intervient qu'au tout début de la Création. Descartes lui donne certes le crédit de la première impulsion, mais Dieu, sous la plume cartésienne, s'empresse de déserter le monde. En effet, chez Descartes, le mouvement se transmet de proche en proche, par contact. En l'absence d'interactions, un corps poursuivra indéfiniment son mouvement. C'est le fameux principe d'inertie. La matière est inerte et le mouvement n'est en aucun cas une propriété essentielle de la matière.

Cette manière de voir est insupportable pour Newton. Il se rallie volontiers à Pascal qui écrit : «Je ne puis pardonner à Descartes ; il aurait bien voulu, dans toute sa philosophie, se pouvoir passer de Dieu ; mais il n'a pu s'empêcher de lui faire donner une chiquenaude, pour mettre le monde en mouvement; après cela, il n'a plus que faire de Dieu. »

Ce qui semble aujourd'hui certain, c'est que les expériences alchimiques de Newton sont étroitement liées à ses découvertes scientifiques. Le philosophe des sciences Bernard Joly considère même, à la lumière de ses cahiers de laboratoire, qu'elles coïncident avec ses découvertes les plus importantes.

Et c'est ainsi que Newton découvre avant l'heure que le raisonnement par analogie est un robuste levier de découvertes. Le père de la physique moderne cherche, en effet, à traduire dans un langage mathématique – et dans des lois destinées à être vérifiées par l'expérience – des notions alchimiques supposées occultes et fantaisistes. Il prend des éléments d'un univers donné et les transpose dans un autre univers pour résoudre les problèmes qui lui sont propres. Autrement dit, l'alchimie donne des clés pour résoudre des problèmes physiques et mathématiques.

Cette démarche est connue aujourd'hui sous le nom de modèle A-GC, analogies et gestion de contraintes, qui a été testé dans le cadre de nombreuses situations expérimentales. Elle est reconnue pour jouer un rôle de tout premier plan dans la recherche de solutions créatives. C'est par exemple le cas du parapluie pour satellite. Les concepteurs travaillant au sein du bureau d'études de l'aérospatiale avaient conçu un nouveau type de réflecteur d'antenne pour satellites qui devait être transporté sous la coiffe de la fusée Ariane. Problème : comment faire tenir un objet volumineux dans un espace restreint? L'un des concepteurs a eu l'idée simple mais ingénieuse du parapluie. Le réflecteur a en effet été conçu comme un parapluie. Plié sur terre, il devait être déplié dans l'espace.

Comment fonctionne plus spécifiquement l'analogie chez Newton?

Prenons la loi de la gravitation universelle que d'aucuns surnomment la loi alchimique de la gravitation universelle. Cette loi de la gravitation ou de l'attraction décrit la gravitation comme une force responsable de la chute des corps et du mouvement des corps célestes, et, de façon générale, de l'attraction entre des corps ayant une masse.

Deux concepts ici sont importants : d'abord, celui d'attraction qui traduit le thème alchimique d'affinités entre les corps et les êtres. Goethe traduit cela dans son œuvre en termes d'affinités électives. En vertu de la sympathie universelle, thème autant hermétique que néoplatonicien, les êtres s'attirent mystérieusement, corps, astres, planètes… ; ensuite, celui de force, thème très important de la physique de Newton qui provient directement de l'alchimie.

L'alchimie aura appris à Newton qu'il y a des principes actifs dans la nature.

Le concept de force est ce qui lui permet de faire le lien entre les interactions à distance (qui supposent que la matière contient un principe animé) et la vision mécaniste, corpusculaire et neutre de la matière. La gravitation ne ferait que traduire les principes actifs immanents à la matière.

Newton revendique sa double démarche alchimico-scientifique dans la fameuse troisième hypothèse des *Principia*, à travers la notion ô combien alchimique de transmutation : « Tout corps peut être transformé en n'importe quel autre corps, et prendre successivement tous les degrés intermédiaires de qualité. »

Le sort en est jeté ! Cette hypothèse énonce clairement les fondements alchimiques de la loi de gravitation universelle. En effet, en vertu du postulat d'animation de la matière, les éléments pèsent les uns sur les autres, la Lune sur la Terre, les astres entre eux. Cette pesanteur ou interaction entre les corps s'exerce de manière universelle.

C'est ainsi que mécanique et alchimie se chevauchent pour fonder l'une des plus grandes lois de la physique classique moderne[1].

---

1. La quête alchimique de Newton ne se limite pas à la physique, comme ses cahiers de laboratoire l'attestent ; elle aura des retombées en optique. Les expériences de Newton sur la lumière se basent sur la technique alchimique d'analyse et de synthèse. Il transpose une méthode appliquée par les alchimistes aux corps chimiques à la lumière qu'il va décomposer avec un prisme avant d'en faire la synthèse avec une lentille qu'il avait lui-même mise au point.

Cette notion de force, notamment la force d'attraction gravitationnelle, a été considérée comme suspecte par les contemporains de Newton qui voyaient en elle une résurgence de l'occultisme, du paranormal, du non maîtrisable par la raison pure et donc de parfaitement méprisable. À la sortie du livre de Newton, le physicien néerlandais Christian Huygens écrit avec condescendance : «Je veux bien que Newton ne soit pas cartésien pourvu qu'il ne nous fasse pas des suppositions comme celle de l'attraction.»

L'alchimie semble bien être la genèse de l'œuvre, même si les premiers commentateurs de Newton gardaient un silence gêné par rapport à ses activités alchimiques, considérées au mieux comme des rêveries de collégien, au pire comme un égarement intellectuel impardonnable.

On connaît le commentaire étonnant du très respectable économiste britannique John Keynes : « Newton n'est pas le premier de l'âge de Raison. Il a été le dernier du Siècle des Magiciens, le dernier des Babyloniens et des Sumériens, le dernier grand esprit qui a contemplé le monde visible et intellectuel il y a quelque dix mille ans.»

Ces cahiers de laboratoire nous sont aujourd'hui précieux puisqu'ils éclairent une méthode originale et longtemps négligée afin de comprendre la genèse et l'unité de l'œuvre de Newton. Il a fallu du temps pour le comprendre et l'accepter. En 1872, un descendant de Newton avait fait don à l'université de Cambridge des livres et cahiers de son ancêtre. Le bibliothécaire lui avait renvoyé la malle, avec une petite note sèche selon laquelle il ne pouvait accepter des écrits « de nature si peu scientifique ».

Inutile de rappeler que, si l'on est de visite à Cambridge, c'est le sujet qu'il faut avoir l'élégance de ne pas aborder.

La comète Bruno anticipe notre révolution numérique

Le philosophe et mage Giordano Bruno dénonce les identités pétrifiées, synonymes pour lui de mort. Il faut savoir bousculer ses repères, questionner ses certitudes, décloisonner nos systèmes et nos appareils. En prophète de temps nouveaux, Bruno engage l'homme à s'ouvrir aux grandes métamorphoses.

C'est la nature, source d'émerveillement infini, qui le lui apprend. Il admire la dynamique de ses forces et de ses formes. Par elle, il comprend qu'on doit accueillir le changement et l'imprévisibilité qui sont la norme même du monde. À charge pour l'homme de se confronter au contexte mouvant qui l'entoure, à plonger dans le grand fleuve héraclitéen du devenir. Et de lier par la puissance de son imagination ce qui, dans le monde, est séparé.

Cela ne peut se faire qu'en déployant l'art des contraires qui consiste à allier la force qui relève du désordre et la forme qui donne le sens. La force est ce qui nous dépossède et nous renvoie à notre vulnérabilité. La forme est ce qui nous ressaisit et nous permet de stabiliser les flux du devenir. Notre destin est de naviguer sans cesse entre la force et la forme. Cette rencontre des contraires est fondamentale chez Bruno. Il ne faut pas la craindre. Elle est l'expression même de la vie. Elle témoigne de la puissance des liens interactifs qui font l'homme. Les nœuds, les paradoxes sont une chance à saisir. Ils engendrent une dynamique créatrice. Le jeu des contrariétés réveille sa puissance imaginative et le pousse à lier des modes d'être jusque-là séparés. Philosophie et magie, par exemple, sont des « contraires » qui s'appellent. Concept et image ne sont pas de trop pour raviver notre lien cosmique. Par la raison, l'homme cherche à comprendre le monde ; par la magie, il déchiffre les signes de l'univers et révèle les correspondances cachées entre le ciel et la terre.

Le mage connaît les propriétés des choses, ce qui lui permet d'agir sur la nature. Bruno va se saisir de ce pouvoir opérationnel du mage. Ce pouvoir lui permet de faire un bond hors de la théorie copernicienne… en imaginant l'inconcevable. Et c'est par la petite porte de la magie qu'il va emprunter la voie royale de la science.

MICHEL-ANGE ET BRUNO : UNE MÊME FUREUR HÉROÏQUE

On retrouve chez Michel-Ange cette même vitalité de la matière que chez Giordano Bruno. Il y a chez eux une même fureur héroïque, un même désir de se lier à l'activité de la nature et d'arracher à la matière son secret. En ce sens, les sculptures de Michel-Ange sont une illustration très fidèle de la pensée de Bruno. Michel-Ange laissait la plupart de ses sculptures inachevées. Mais cet inachèvement n'est pas dû à des contraintes extérieures, il n'est pas non plus la marque d'une insatisfaction permanente. Le *non finito* est un acte positif. C'est un inachèvement par nécessité pour ne pas enfermer la vie mais la laisser jaillir de la matière.

Et l'on voit cette vie jaillir du marbre avec la *Pietà Rondanini*, structure de 2 mètres de hauteur, qui est l'œuvre la plus emblématique de Michel-Ange. C'est la moins connue des descentes de croix de Michel-Ange.

Avec la *Pietà Rondanini*, on arrive à des degrés d'abstraction et de modernité stupéfiants. Le corps disparaît complètement et semble illustrer l'une des thèses les plus scandaleuses de Bruno selon laquelle la matière n'est que le visage de l'esprit.

Michel-Ange pousse l'exploration de la matière jusqu'aux confins du possible, nous-donnant l'impression qu'il demande à la pierre ce qu'elle ne peut pas lui donner.

Bruno, comme Michel-Ange, d'ailleurs, a cette conviction très forte d'une nature vivante qui se transforme de l'intérieur et qui entraîne l'homme dans son élan créateur.

◆ Vertiges de l'imagination créatrice

Comment ne pas penser au fameux banquet des Cendres, là où l'imagination de Bruno prend son envol vers l'infini? Nous sommes en 1583, à Londres. Le soir des Cendres, Bruno est convié par des docteurs d'Oxford à un dîner. Il doit débattre de la question suivante : qu'est-ce qui vous fait croire que la Terre est en mouvement? Jusque-là, personne ne s'était soucié de défendre l'héliocentrisme. Ses interlocuteurs en sont encore au ciel statique et immuable de Ptolémée et d'Aristote.

Bruno ce soir-là abolit devant ses interlocuteurs le ciel fermé des Anciens en faveur d'un espace homogène. Il libère les étoiles et fait naître un cosmos vertigineux, affirmant haut et fort que tous les astres sont libres et qu'ils constituent autant de soleils autour desquels gravitent des planètes.

Profonde hébétude des docteurs d'Oxford. On vient de les mettre face à un big bang.

La Terre est en mouvement, passe encore, mais l'univers infini, la pluralité des mondes, une humanité errante dans l'éther… C'était trop fantastique pour eux et cela ne pouvait être que l'œuvre d'une imagination déréglée, d'un fou[1]. Quand on lui demande de

1. Il est fascinant d'observer que Bruno, qui n'a pas un rapport mathématique avec la nature, comme Kepler ou Galilée, parvient à des résultats scientifiques considérables grâce à la puissance de son imagination. L'un des témoins de l'exécution de Bruno en 1600 à Rome ne s'y trompe pas. Il va écrire ces mots qui nous font frémir encore aujourd'hui : « Ainsi

préciser ce que sont ces terres inconnues, il répond avec aplomb : « Si ce n'est pas comme celui-ci ou même mieux, ce n'est pas moins et ce n'est pas pire : il est impossible, en effet, pour un esprit rationnel et quelque peu éveillé, de concevoir que tant de mondes soient privés d'habitants semblables ou meilleurs. »

Il faut croire que cela n'a pas convaincu. Bruno est moqué, raillé, jeté dehors. Lui qui avait obtenu une chaire à Oxford en est chassé au bout de trois leçons.

Non seulement Bruno a l'effronterie d'annoncer cette cosmologie nouvelle mais il s'attaque frontalement à Aristote, encore vénéré dans les universités d'Europe. Il rejette violemment le premier moteur immobile d'Aristote qui mettait le monde en mouvement. Pour Bruno, l'origine du mouvement, ce n'est pas le premier moteur mais c'est un principe inhérent aux choses. Chaque être est animé de son propre principe. Il réhabilite la matière dont il perçoit la formidable énergie.

◆ Bruno prophète de notre temps

On a donc un monde en ébullition, en transformation perpétuelle. Or, chez Bruno, cette instabilité ne génère pas le chaos, elle est profondément créatrice.

---

a-t-il péri misérablement brûlé, pour aller annoncer à ces autres mondes qu'il avait imaginés la manière dont les blasphémateurs et les impies sont traités par Rome. »

La loi de la nature nous montre le chemin, elle nous propulse. À quoi bon déplorer l'incertitude de ce monde, à quoi bon s'émouvoir de la mobilité de ses formes ? Le désordre est une forme d'énergie vitale qui nous réveille, qui nous condamne à nous réinventer, à repousser les limites du possible.

Soyez « furieux », nous dit Bruno, soyez héroïques, soyez ce furieux héroïque qui plonge dans la grande roue des métamorphoses. Le grand fleuve du devenir nous entraîne. Plongez-y dans la promesse d'une vie décuplée.

Dans ce monde instable, l'imagination est reine. Plus qu'une faculté, elle est puissance de métamorphose, d'innovation, de réinvention. Elle fuit la servilité des fins personnelles et médiocres. Elle élargit sa puissance aux confins de l'univers.

Giordano Bruno est le philosophe qui aura poussé le plus loin cette expérience intellectuelle de la métamorphose. Pour lui, les hommes, leurs projets, leurs organisations, leurs sociétés font partie intégrante de la nature et de ses propres processus de métamorphose. L'homme héroïque est celui qui a compris le secret de la vie, qui a compris le fonctionnement de la nature et qui va chercher à en intégrer la dynamique plutôt que de lui résister. Et c'est en coopération avec elle, au sein du désordre apparent de ses forces, qu'il va enfanter des mondes.

Comment ne pas se sentir concernés alors que les bouleversements du monde auxquels nous sommes confrontés, nos innovations technologiques, l'intelligence artificielle et son impact sur le monde, la profonde mutation du travail nous obligent à cette forme de fluidité, de transformation, d'inventivité ?

Bruno saisit l'homme dans ses interactions avec son milieu. Le conflit est vu pour lui dans sa dimension dynamique. Il a anticipé, peut-on dire, les traits de la systémique paradoxale. Celle-ci est un modèle de résolution des conflits issu des travaux de l'école de Palo Alto. Son champ d'application est autant celui du médico-psycho-social que des entreprises et des institutions. L'école de Palo Alto privilégie une approche systémique du conflit. Pour résoudre une crise, il faut prendre en considération l'ensemble du système, qui est un ensemble vivant dont les éléments interagissent entre eux et avec l'extérieur. Un individu ne peut être isolé du réseau complexe de relations qu'il entretient avec son environnement. Les interactions deviennent donc l'élément clé de toute approche systémique. C'est ainsi que Watzlawick, l'un des fondateurs de l'école, écrira : « Nous soignons des relations, pas des gens. »

Bruno aurait écrit que la relation, c'est tout l'homme. Un sujet atomisé, coupé de son milieu, une nature mécanisée, comprise comme un objet à disséquer plutôt qu'un tout à admirer, préfigurent les grands drames contemporains.

Bruno prophétise résolument la trame complexe de notre modernité et de notre imaginaire scientifique : les technosciences, les neurosciences, les biotechnologies, jusqu'à notre économie numérique qui ouvre l'expérience d'un espace-temps illimité et crée l'alchimie d'un savoir universel.

Nous renvoyant à une question. Ne sommes-nous pas finalement les magiciens du XXIe siècle ? Après tout, notre artefact numérique déploie des codes assez similaires à ceux de la magie.

Imaginons Giordano Bruno catapulté devant un ordinateur. Il verrait surgir des mondes virtuels fantastiques, des paysages du monde ou événements captés en temps réel. Il nous verrait faire apparaître ou disparaître un visage en appuyant sur une touche, participer à des réunions où que ce soit sur le globe, il découvrirait que l'ubiquité est possible, il nous verrait remonter le temps, nous projeter dans le futur, converser et interagir avec des humanoïdes créés par nous de toutes pièces, imprimer des organes, des cœurs artificiels ou des objets fonctionnels, faire surgir des maisons en quelques heures, il nous verrait augmenter nos capacités de mémoire et de calcul par l'implantation de puces électroniques dans notre cerveau, accéder à l'immortalité numérique…

Il observerait nos rituels étranges, nos formules incantatoires « DIS SIRI, OK GOOGLE »…

Il se rendrait à l'évidence : nous sommes les seuls vrais magiciens, ceux qu'il avait entrevus dans ses rêves les plus fous, dans ses visions les plus ahurissantes.

Il penserait avec une pointe d'amertume qu'il fut envoyé au bûcher pour bien moins que cela.

Il prendrait conscience que le XXIe siècle est un vaisseau créé pour les visionnaires de sa trempe et que la nature en qui il avait mis toute sa foi avait fait une erreur au moins en ce point. Elle l'avait embarqué dans le mauvais siècle…

De la pierre philosophale à l'atome… et à notre propre transmutation

Les alchimistes nous insufflent l'esprit d'audace. Ils instaurent un art universel qui ouvre des chemins, établit des ponts, crée des passages entre les différents niveaux de réalité. Diversifier les liens, rapprocher ce qui est séparé, aller vers les associations les plus improbables, telle fut leur tâche inlassable. Les alchimistes ont incontestablement leurs lois propres, mais elles ne sont pas celles du syllogisme aristotélicien. Leur logique remplace le principe d'identité et celui de non-contradiction nous ouvrant la voie vertigineuse du possible. Dans cette perspective, la pierre philosophale ou l'élixir de jouvence deviennent la voie royale de l'esprit d'audace et d'innovation qui ne craint pas de mêler la poésie au réel, l'inconscient au conscient, le rationnel aux forces visionnaires de l'imaginaire.

Ils nous apprennent que toute innovation, toute découverte sont d'abord le fruit d'un rêve longuement porté. Plus encore, d'une quête à la dimension autant spirituelle que scientifique ou technique.

Il n'est de technique qui ne soit accomplissement de l'homme. De telle sorte que l'un n'est plus que le prolongement de l'autre. L'extérieur devient la forme visible de l'intériorité.

Et il n'est d'homme accompli que par son lien cosmique. La *res cogitans* cartésienne, qui fige le sujet dans son extériorité face au monde, aurait été pour eux une aberration. Sagesse du mage soucieux de maintenir l'équilibre toujours précaire entre l'homme et son milieu.

Leur démarche est sans doute très déroutante pour nous, modernes. Les alchimistes supposent un parallélisme parfait entre les manifestations naturelles et surnaturelles. La frontière entre science et magie est inexistante. L'expérience sert moins à mettre à l'épreuve une théorie qu'à l'illustrer. Car l'alchimie part de principes établis, et les expériences entreprises tentent de justifier ces principes.

Il n'empêche que l'art alchimique, par le développement de ses expérimentations et la puissance de l'imaginaire, a préparé les grandes découvertes scientifiques de notre temps.

François Jacob, prix Nobel de médecine, constatait que « la démarche scientifique ne consiste pas simplement à observer, elle commence par l'invention d'un monde possible, ou d'un fragment de monde possible[1] » qui permet d'avoir une perception plus fine de ce qu'on appelle réalité. Les alchimistes en sont le parfait exemple. Les adeptes ont entrepris, au cœur de la matière, le plus audacieux des voyages, ouvrant résolument la voie à la théorie de la matière noire et de l'énergie sombre[2].

En nous proposant une interprétation du monde et de la vie (l'idée de transmutation), ils sont parvenus au seuil de l'atome. La séparation qu'ils faisaient, dans leurs laboratoires, des éléments complexes en éléments simples, préfigure en effet la composition de celui-ci. La transmutation a joué en quelque sorte comme un phénomène de révélation d'une substance essentielle dissimulée dans la matière.

---

1. François Jacob, *La Statue intérieure*, Éditions Odile Jacob/Le Seuil, 1987.

2. C'est ce que semblerait traduire la notion de quintessence. La quintessence, qui est une sorte de matière céleste à l'origine des choses, aussi mystérieuse qu'inatteignable, n'est-elle pas finalement cette énergie sombre dont on connaît l'existence aujourd'hui sans en connaître la nature ?

Les alchimistes ont donc eu le pressentiment de la nature profondément transformationnelle de la matière et de l'univers. C'est cette croyance d'ailleurs qui fonde leur recherche de transmutation des métaux. On pourrait considérer que la transformation de la matière radioactive n'en est que l'aboutissement. Ils ont donc approché, sans la découvrir, la transformation de l'uranium. Par un formidable raccourci, nous pourrions prétendre que la construction de nos centrales nucléaires dépend de leur quête.

Il est fascinant d'observer que les fondements de notre science physique sont aussi bien poétiques que métaphysiques. Et qu'un art « extravagant » ait pu produire de la science[1].

On comprend l'émerveillement de l'astrophysicien Jean-Pierre Luminet pour qui « la physique actuelle a réalisé le vieux rêve de la transmutation en transformant certains atomes en d'autres ». Articulation baroque de la modernité avec le passé. Qui nous apprend qu'il

1. Faut-il pour autant renoncer complètement au vieux rêve alchimique de transformer le plomb en or ? Peut-être pas. On a découvert que cette transmutation serait possible grâce à l'accélérateur de particules. On a même évalué qu'en l'utilisant vingt-quatre heures sur vingt-quatre pendant un siècle on pouvait obtenir 1 gramme d'or, par la désintégration de protons du plomb. Seulement voilà… Sachant que l'utilisation de l'appareil coûte 3 000 euros par heure, on peut calculer que cette petite expérience coûterait 2,6 milliards d'euros pour produire 1 gramme d'or. Ce qui laisse dubitatif quant à l'efficacité du modèle économique.

n'est d'innovation qui ne soit redevable d'une certaine tradition.

Indéniablement, la dette que la science doit aux alchimistes est immense ! Et la terre qu'ils ont labourée n'en finit pas de porter du fruit.

Au-delà des âges, les alchimistes continuent de nous interpeller : qu'en est-il de nos propres transmutations ? Qu'en est-il de notre propre *materia prima* ? Est-ce l'esprit qui permet de remonter le fil de notre lien cosmique ? Est-ce l'inconscient dans lequel le mathématicien Henri Poincaré reconnaissait le rôle éminent dans la découverte scientifique ? Ou encore la sensibilité qui permet notre « insertion sensible dans le monde » ?

Et si la geste alchimique était finalement une urgence contemporaine ?

4

L'humanisme, un imaginaire de l'altérité

L'humanisme est sans doute le vocable de la langue française le plus surdéterminé et vidé de son sens. Il est invoqué en permanence. C'est l'étiquette consensuelle par excellence. Or, en creusant l'humanisme en ses belles heures, on comprend très vite qu'il est tout sauf recherche du consensus. Il est éloge de la différence, expérience de l'altérité. C'est en tant que tel que nous pouvons continuer à en réaliser les aspirations. D'autant que l'altérité est ce qui semble le plus éprouvé par notre modernité, que ce soit avec le regain des identitarismes, la montée des nationalismes ou encore l'avènement excessif de la technique. C'est dire que l'humanisme, tel qu'il fut porté à la Renaissance, est une exigence qui nous concerne plus que jamais.

S'approprier l'esprit de l'humanisme, c'est une forme d'engagement philosophique qui est déjà politique. Toute profession de foi porteuse de valeurs universelles s'ouvre sur un combat alors que le déclin de l'universel menace notre civilisation.

L'humanisme n'est pas une doctrine ou une échelle de valeurs. Il est un processus toujours recommencé qui ouvre sur l'autre en tant qu'il est autre, sur la différence en tant qu'elle nous bouscule. Il nous amène à changer de système mental ou de système d'organisation pour les améliorer. Il est cette foi dans le progrès compris comme accomplissement de l'homme en son milieu.

Y a-t-il meilleure promesse pour aborder les grands défis de notre siècle ?

L'altérité au cœur des enjeux contemporains

L'altérité est un enjeu majeur de notre époque.

En politique tout d'abord, avec la question du populisme, que ce soit en Pologne, en Hongrie ou au Brésil. Le populisme dont on craint qu'il ne soit une menace pour les démocraties. Nous avons tous encore à l'esprit les images de l'assaut du Capitole par les partisans de Donald Trump, cet assaut qui fera date dans l'histoire des États-Unis. Au Capitole, il faut le reconnaître, l'altérité a reçu une bastonnade. Alexis de Tocqueville, on peut l'imaginer, a dû se retourner maintes fois dans sa tombe.

On retrouve posée la question de l'altérité dans nos sociétés avec le regain des cultures identitaires – et les frictions régulières qu'elles génèrent. On se souvient de la pièce d'Eschyle *Les Suppliantes*, qui devait être donnée à la Sorbonne. Elle avait été annulée en dernière minute parce que les acteurs étaient grimés de noir. Cela avait été interprété, dans le sillage du mouvement *black face*, comme un délit raciste. On peut comprendre bien sûr ces susceptibilités, surtout qu'elles s'inscrivent dans la longue et tragique histoire du racisme. Toutefois, dans le contexte de la pièce d'Eschyle, ne s'agit-il pas d'une surinterprétation ? Car la pièce, si on prend la peine de la découvrir, promeut tout le contraire. Elle valorise la présence africaine en Grèce et met en avant une valeur essentielle : celle de l'hospitalité.

Sous la pression des flux migratoires, gageons que cette question sera l'un des grands défis du XXIe siècle. Elle pose de nouveau la question de l'altérité et ravive la problématique identifiée par les Grecs déjà : comment concilier le devoir d'hospitalité, qui est le plus sacré de tous, nous dit Platon, avec les contraintes imposées par le pragmatisme politique ? Emmanuel Kant s'était heurté à cette question, lui qui avait porté le projet cosmopolite de paix perpétuelle. Il a ce rêve étonnant d'une unification politique mondiale à travers une fédération planétaire mais qui bute sur les aspérités du réel. « Un jour enfin, un état de choses s'établira qui, telle une communauté civile universelle, pourra se maintenir par lui-même. » En tout cas, on peut se demander si cette rêverie n'a pas un caractère visionnaire. Aujourd'hui, on réfléchit à ce que pourrait être une gouvernance mondiale plus adaptée à notre monde globalisé. Elle prendrait en compte des problèmes globaux, qui ne sont plus transnationaux, comme le problème du climat ou du terrorisme.

De manière plus générale, l'altérité est particulièrement mise à mal dans nos sociétés à l'individualisme exacerbé. On ne trouve plus cette foi des citoyens dans le politique, dans sa capacité à avoir un impact sur le cours du monde. Le fait de vivre dans un monde globalisé renforce ce sentiment de perte et de désengagement. Nous avons l'impression qu'il y a des choses qui nous dépassent et que notre engagement à l'échelle locale ne va pas changer grand-chose. Sans compter ce basculement progressif d'une société du risque à une société de l'incertitude qui pose un vrai problème aux démocraties car nous n'avons pas vraiment prise sur l'incertitude. Le risque est bien réel à terme d'une dépolitisation des citoyens.

Quoi qu'il en soit, il n'est jamais anodin de penser que nous n'avons plus prise sur les événements. Cet état d'esprit encourage l'individualisme qui reste le pire ennemi de nos systèmes démocratiques.

L'altérité, un peu de théorie

Les philosophes grecs ont joué un rôle fondamental pour élaborer cette notion.

La toute première fois où la notion d'altérité apparaît, c'est chez Platon, dans *Le Sophiste*. Platon, dans ce texte tardif, va commettre un parricide dans le sens où il s'oppose frontalement à son père spirituel Parménide.

Parménide est le philosophe de l'être, de l'être achevé, de l'être sans devenir. Selon lui, pour pouvoir penser les choses, il faut stabiliser le réel qui est toujours en fuite, en se consacrant aux choses présentes.

Pour Parménide, seul l'être existe. Par conséquent, seul l'être peut être pensé. D'où sa fameuse tautologie : l'être est, le non-être n'est pas.

Platon opère une véritable « révolution copernicienne », nous mettant en garde : attention, semble-t-il nous dire, le non-être ce n'est pas rien, contrairement à ce que pense Parménide. Le non-être a une existence, le non-être a une réalité, et cette réalité, c'est l'altérité. Autrement dit, il faut pouvoir penser la différence autrement que par la figure du néant.

Alors que Parménide est le penseur de l'unité – l'être est nécessairement un, entier et indivisible, il demeure le même –, Platon introduit un dualisme dans les choses qui permet de donner un statut au non-être : « Ainsi, comme le grand était grand et le non-grand, non-grand, et le non-beau, non-beau, de telle manière, le non-être en soi était et est non-être, comme une Forme parmi d'autres. » Il en tire plus loin la conséquence audacieuse : « Alors qu'on ne dise pas que, lorsque nous avons eu le courage d'affirmer que le non-être existe, nous pensions mettre en évidence *le contraire* de l'être. »

Il faut admirer ce courage dont se prévaut le père de l'Académie. Par cette dernière tirade, il veut dire que le non-être a une dignité égale à l'être. Il n'est donc pas le contradictoire de l'être.

C'est tout simplement l'Autre que Platon vient de découvrir.

Il va prendre conscience, au cours d'une argumentation très progressive, que la pensée arrive très vite à une impasse, si elle reste dans la logique de l'être et de l'identité. Pour lui, l'identité et l'altérité sont les deux faces d'une même médaille. C'est sa grande découverte. L'identité et l'altérité cohabitent. Elles sont indispensables l'une à l'autre. L'identité me met dans un cadre, dans une limite, et l'altérité, ce que Platon appelle « la région de l'Autre », est l'au-delà de cette limite.

On voit que, au-delà des mots, l'identité et l'altérité donnent corps à tout le réel. Ce sont des principes qui ont une valeur structurelle. Tout participe à la fois et de l'un et de l'autre. « Dans tous, la nature de l'être, en rendant chacun autre que l'être, en fait un non-être, en sorte qu'à ce point de vue, nous pouvons dire avec justesse qu'ils sont tous des non-être, et, par contre, parce qu'ils participent de l'être, qu'ils sont et ont de l'être. »

Quand on évoque l'altérité, il faut toujours garder ces formules vivifiantes de Platon à l'esprit, surtout que nous en parlons aujourd'hui de façon amoindrie. L'altérité, pour nous, c'est la relation à l'autre. Or, avec Platon, l'altérité est un principe fondateur qui rend compte de l'homme, du monde et de leurs interactions.

La grande découverte de Platon n'en finit pas de nous donner du grain à moudre. On se doute qu'elle a un champ d'extension beaucoup plus large que celui de la stricte philosophie. Quand Platon affirme que la pensée arrive à une impasse en restant dans la logique du même, on pourrait dire de la même manière que nos organisations se mettent en grande difficulté quand elles ne se réinventent pas pour essayer d'imaginer l'avenir. Celles qui tentent, par exemple, de construire un modèle basé sur la coopération plutôt que la compétition « platonisent » sans le savoir. Celles qui définissent leur raison d'être en optant pour une économie durable font aussi écho à leur manière au *Sophiste* de Platon. Nous pourrions multiplier ces exemples où la part de l'autre, au sens large, façonne notre système de pensée et nos pratiques comme chaque fois où nous ne courons plus à corps perdu après nos intérêts immédiats mais réinterrogeons nos valeurs pour nous projeter sur un horizon de temps plus lointain. Les Grecs, qui ont fait du dialogue l'art même du questionnement, peuvent nous servir de tremplin.

La philosophie, un exercice d'altérité

Le dialogue est en effet l'exercice privilégié pour pouvoir penser chez les Grecs. Penser est un exercice dialectique entre le même et l'autre.
Tous les personnages dans les textes de Platon, les interlocuteurs de Socrate, sont des figures de l'altérité. Si je n'ai pas l'autre en face de moi qui me contredit, qui me renvoie un écho, qui me relance, je ne peux pas articuler de pensée, je ne peux pas avancer non plus, dans ma recherche de la vérité, ce qui reste l'aspiration première de la philosophie.

Voilà pourquoi les sophistes seront tant décriés par Platon. Les sophistes rompent la logique de l'altérité. Ce n'est pas la vérité qui les intéresse, ni la justice, ni l'éthique. Les sophistes vont faire du langage un instrument de puissance, une technique d'illusion. Avec eux, on est dans le rapport de force. On peut d'ailleurs dire qu'avec Internet on assiste au grand retour des sophistes. Les réseaux sont trop souvent détournés de leur fonction première pour devenir un outil puissant de « fabrique de l'ignorance[1] ». Cherchant à capter les peurs, à jouer sur les émotions négatives, à entretenir et exploiter la colère des populations, les algorithmes malveillants contribuent à semer le désordre au sein de l'espace public.

Protagoras, le prince des sophistes, aurait sans doute aimé vivre à notre époque et avoir un smartphone dans sa poche qui lui aurait permis d'exceller dans la parole sans avoir à penser, c'est-à-dire à remettre en question ses croyances ou opinions.

En revanche, la philosophie démonte les pseudo-raisonnements qui rendent la vérité captive. Elle questionne nos préjugés, elle nous amène à renoncer à nos certitudes, à démonter nos fausses évidences. Elle nous oblige à faire la part de l'autre, à être constamment en mouvement.

L'altérité est la boussole par excellence des philosophes. Mais pas seulement. Elle nous concerne tous. Et nous invite à nous méfier des jugements expéditifs ou binaires.

1. C'est le titre de l'excellent documentaire diffusé par Arte.

Penser, c'est chercher à comprendre et non à blâmer.

C'est ce que nous enseigne Socrate. Socrate est une figure exemplaire de cette démarche d'altérité. Il a incarné à un tel point cette manière de vivre autrement qu'il en devenait inquiétant. Il disait : « Tout ce que je sais, c'est que je ne sais rien. » Ce rien, qui est une figure de l'altérité radicale, est ressentie à l'époque comme subversive par les autorités.

Il disait encore, ce qui a aggravé son cas : « Je ne suis pas d'Athènes mais je suis du monde entier… » Pour nous, qui sommes des enfants de la mondialisation, c'est un lieu commun de reconnaître que nous sommes citoyens du monde. Mais il faut se remettre dans le contexte de l'époque. Athènes s'est construite avec l'idée de sa supériorité sur le reste du monde : tout ce qui n'est pas grec est barbare. Et là, nous avons un Socrate qui nous dit : la vraie barbarie, au contraire, c'est ne pas accueillir l'étranger, l'étrangeté, et notamment l'étranger qui est en nous…

On sait avec quel courage il refusa de livrer à la vindicte populaire les amiraux d'Athènes, vainqueurs à la bataille navale des Arginuses. Il leur était reproché, malgré leur victoire, de n'avoir pas recueilli le corps des morts, pris en pleine tempête, pour leur rendre les derniers hommages. Socrate rompt la logique du bouc émissaire, cherchant, en sa qualité de président de l'assemblée lors du jugement, à imposer un procès équitable, qui traite l'affaire dans sa complexité. Posant au passage des questions très actuelles. Fallait-il repêcher les morts en mettant en péril les vivants ? Si l'on recherche la justice dans l'illégalité est-elle encore de la justice ? L'attitude de Socrate, qui refuse de condamner en bloc les amiraux, contribuera à alimenter l'animosité de ses détracteurs envers lui.

Condamner Socrate à boire la ciguë, c'était une manière de rester dans la logique rassurante de l'identité, du même.

Socrate, au contraire, nous invite à accueillir en nous la différence, à rejeter toute forme de procédure expéditive dont hélas nous sommes trop familiers avec nos réseaux sociaux qui n'hésitent pas à se transformer en tribunal populaire.

Ce faisant, il est indéniablement le premier des grands humanistes.

Le transhumanisme, un imaginaire de la puissance

L'humanisme, nous le verrons, est une démarche profonde d'altérité.

Le transhumanisme ne porte-t-il pas profondément atteinte à celle-ci, dès lors que son objectif est celui de la performance individuelle ?

Officiellement, c'est en 1998 que le mouvement transhumaniste apparaît. Les philosophes Nick Bostrom et David Pearce fondent la « World Transhumanist Association » (aujourd'hui « Humanity+ »). Ce mouvement philosophique prône l'utilisation des nouvelles technologies pour améliorer les capacités physiques, psychiques et cognitives de l'homme.

Les fondateurs mettent en avant un « usage éthique de la technologie ». L'éthique dont il s'agit ici est le « devoir moral » de soulager la souffrance, la maladie, le vieillissement, voire de supprimer la condition mortelle.

On connaissait l'impératif catégorique de Kant : « Agis de façon telle que tu traites l'humanité, toujours comme fin, et jamais simplement comme moyen. » Ici, il y a un impératif catégorique d'un autre ordre, celui de dépasser coûte que coûte les défaillances de la nature humaine. D'où la tentative du philosophe autrichien Günther Anders de reformuler la maxime kantienne pour stigmatiser les excès de la technique. Selon lui, voilà ce qu'elle deviendrait aujourd'hui : « Agis de telle façon que la maxime de ton action puisse être celle de l'appareil dont tu es ou va être une pièce. » Par sa formule provocante, Günther Anders alerte sur les dangers du tout-technologique. Si la technologie devient l'unique prisme pour comprendre et habiter le monde, le risque, à terme, c'est que l'homme ne soit plus qu'une pièce d'un dispositif technique.

Aujourd'hui, de nombreuses instances s'intéressent au projet technologique, tourné vers l'amélioration de l'homme, dont l'épicentre est américain. Des entreprises civiles et militaires mobilisent des fonds importants pour la recherche. Les institutions politiques ne sont pas en reste, telle la NSF (National Science Foundation) qui met l'accent sur les NBIC, les nouvelles technologies, comme outil de performance. En effet, le rapport de la NSF sur les NBIC s'intitule «*Converging Technologies for Improving Human Performances*». La finalité du programme s'affiche clairement : il s'agit d'améliorer les capacités physiques et cognitives de l'homme par les technosciences.

Que recouvre ce terme, plus précisément ? Les technosciences sont ces nouvelles technologies, dites NBIC, qui sont étroitement liées au projet transhumaniste d'augmentation de l'homme.

Le N est celui des nanotechnologies qui permettent de fabriquer des dispositifs à l'échelle du nanomètre, c'est-à-dire à l'échelle des atomes.

Le B est relatif aux biotechnologies capables de réparer le vivant, de manipuler et de recombiner des gènes pour former des micro-organismes.

Le I concerne les sciences de l'information qui s'appuient sur des algorithmes complexes et sur l'exploitation des big data qui repoussent toujours un peu plus les limites de l'intelligence artificielle.

Et enfin le C pour les sciences cognitives qui cherchent à percer les secrets du fonctionnement du cerveau humain.

Ces quatre domaines technologiques, distincts au départ, convergent. On parle de la convergence des NBIC, c'est-à-dire qu'il y a une interconnexion très forte entre ces domaines de recherche qui aspirent à dépasser leurs différences pour un projet unifié.

Pour les transhumanistes, les NBIC sont la voie royale de l'avènement d'un homme enfin débarrassé des défaillances de la nature. La proclamation de la mort de Dieu serait ainsi suivie de près par l'autoproclamation de la mort de l'homme. « Dieu est mort ! [...] Et c'est nous qui l'avons tué ! [...] Ne sommes-nous pas forcés de devenir nous-mêmes des dieux, ne fût-ce que pour paraître dignes d'eux ? », s'interroge Zarathoustra de manière prophétique.

Les technosciences : une rupture anthropologique ?

Un constat s'impose : les technosciences, dont relève le transhumanisme, induisent des ruptures technologiques. C'est dans le domaine militaire que les avancées des technosciences sont le plus spectaculaires, notamment avec ce que les fabricants appellent les « systèmes d'armements autonomes » que leurs détracteurs préfèrent qualifier de « robots tueurs ». À l'avenir, il n'est pas exclu que, dans une situation donnée, un tel robot soit amené à prendre la décision de tuer. On assisterait à un transfert de responsabilité de l'homme au robot, avec les problèmes éthiques que nous pouvons facilement imaginer.

D'autres projets futuristes émergent comme la « cape d'invisibilité » qui, par le développement de métasurfaces diélectriques, permettrait de rendre invisibles robots, drones, véhicules ou même fantassins. Voilà de quoi faire glisser des pans entiers de livres de science-fiction vers la catégorie du réalisme ordinaire. En tout cas, la plupart des travaux actuels vont dans le sens d'une augmentation radicale des capacités humaines, que ce soit directement (par des implants par exemple) ou indirectement (par le biais d'outils sophistiqués commandés à distance).

La question est de savoir si ces ruptures technologiques n'entraînent pas dans leur sillage des ruptures anthropologiques. Surtout que ces technologies – et c'est là le point épineux – sont maintenant de plus en plus intrusives. Elles sont de plus en plus dirigées vers l'homme qu'elles ont la capacité de modifier et, qui sait, d'arracher peut-être un jour à l'espèce *Homo sapiens*. Le projet Neuralink d'Elon Musk cherche, par exemple, à développer une interface directe entre le cerveau et la machine par l'insertion d'un implant dans le cerveau, de la taille d'une pièce de monnaie. Si le projet voit le jour, il permettra d'augmenter la capacité de nos cerveaux, de notre mémoire et d'enregistrer nos souvenirs qu'on pourrait se repasser en *replay*[1]. Les cerveaux pourront se connecter entre eux, à l'instar des machines. Nous serons comme des superhéros de jeux vidéo.

On le voit, un projet technologique n'est jamais neutre, il est sous-tendu par une direction, il est chargé de valeurs, en l'occurrence celles d'une société où règne la compétition individuelle.

La performance vers laquelle tend la convergence des NBIC, dont l'Agence américaine nous dit qu'elle est la chance que l'humanité doit saisir au vol, pose des questions morales et philosophiques : sur quelle légitimité fonder les techniques utilisées par ces nouvelles technologies, notamment les techniques de manipulation du vivant ?

Les comités de bioéthique, composés d'experts, venant d'horizons divers, y réfléchissent. Cette démarche est nécessaire : elle énonce les normes de comportement

1. Imaginons le piratage de ces données par des hackers du cerveau qui pourraient nous manipuler et, qui sait, nous contraindre à faire des actes en dehors de notre propre volonté. Les auteurs de SF ont de beaux jours devant eux ! En espérant que la réalité ne les rattrapera pas, comme souvent.

en société compatibles avec le respect dû à la personne. Cette démarche doit toutefois être complétée par une approche philosophique. Il nous faudra interroger l'humanisme de la Renaissance et nous demander si la notion de performance fait sens au sein de l'humanisme.

D'autant que, avec cet objectif de performance, les frontières risquent de devenir de plus en plus floues entre réparation et augmentation. Glisserons-nous un jour insidieusement de l'une à l'autre, jusqu'à viser le dépassement de l'homme dans ses limites actuelles ?

Méfions-nous, le scientisme risque de trouver aujourd'hui un nouveau terrain de déploiement quand la science affiche la prétention de porter en elle une solution à tous les problèmes de l'humanité. Et le portrait féroce que nous livre Flaubert du pharmacien monsieur Homais, dans *Madame Bovary*, garde une redoutable actualité.

L'homme fonction : le réductionnisme scientifique

La recherche scientifique traditionnelle procède en isolant les composants qu'elle veut étudier. Son approche est réductionniste par définition. Cela est spécialement vrai pour les biotechnologies qui séparent les éléments biologiques afin de comprendre leur nature, leur fonction.

Cette démarche réductionniste est amplifiée par la convergence des NBIC qui décuple les moyens de toucher l'infiniment petit pour en comprendre les mécanismes. En effet, les nouvelles technologies nous donnent les moyens d'explorer et de travailler sur les briques élémentaires de la matière, ces briques qui sont les atomes ou gènes primitifs à partir desquels se fabrique le vivant. L'approche purement technique a tendance à considérer ces unités minimales comme des machines ou des usines. Les neurones seraient ainsi des machines à fabriquer du courant électrique, les gènes seraient des usines à produire des protéines… À force de se focaliser sur l'infiniment petit, qui est certes une nécessité scientifique, on risque de perdre de vue l'ensemble.

On constate aussi qu'à l'échelle nanométrique les frontières entre matière vivante et matière inerte tendent à s'estomper. Nos innovations technologiques nous engagent dans une artificialisation croissante de la nature : aujourd'hui, il est possible d'implanter des puces dans notre corps ou d'autres appareils électroniques. Cette pratique risque de se banaliser jusqu'à devenir une norme. Peut-être qu'un jour nous ne pourrons plus vivre sans ces implants, tout comme aujourd'hui nous ne concevons plus de vivre sans être connectés. Parallèlement, on assiste à une naturalisation de l'artificiel. On voit bien que nos robots tendent de plus en plus à nous ressembler. Avec le développement de l'intelligence artificielle, on cherche même à leur faire éprouver des émotions, des sentiments. On a donc deux mondes qui se rapprochent inexorablement. Les limites qu'on croyait immuables entre le naturel et l'artificiel deviennent de plus en plus incertaines.

Ray Kurzweil, le chef de file du transhumanisme et ingénieur en chef chez Google, annonce que, dès 2035, des nanorobots seront branchés sur nos neurones pour nous augmenter ! L'homme deviendrait ainsi, comme le dit le philosophe Gaspard Koenig, un savant mélange de neurones et de silicium. Quant aux étudiants de la *Singularity University*, créée par Google, pour développer le projet transhumaniste, on leur apprend que l'homme est une machine comme une autre dont on peut indéfiniment changer les pièces. C'est le cours normal des choses. Pour eux, c'est la loi de l'évolution, excepté qu'elle n'est plus naturelle mais artificielle. Ceux qui ne prennent pas le train en marche, eh bien ils disparaîtront. Seuls ceux qui auront compris que l'évolution artificielle est inéluctable survivront.

Question légitime, on peut se demander si, à force de dénaturaliser l'homme, on ne risque pas de le déshumaniser. En l'arrachant à son milieu d'origine et en le rendant de plus en plus dépendant de processus biotechnologiques, n'est-on pas en train de créer un homme nouveau, un homme-machine, un homme technicisé et reprogrammable à souhait, selon des critères étroits d'efficacité ?

À force d'étudier la partie indépendamment du tout, ne risque-t-on pas de réduire l'homme à ses fonctions, d'en faire un champ d'expérimentation comme un autre, et de perdre en route la question du sens de la condition humaine ?

Les biotechnologies, une chance et... un risque

Bien sûr, il ne s'agit pas de refuser le progrès technologique. Au contraire. Les perspectives que ces technologies émergentes nous ouvrent sont vertigineuses, dans le domaine de la santé, par exemple, pour restaurer des fonctions atrophiées ou malades, ou dans le domaine de l'énergie pour produire de nouvelles ressources.

Mais, encore une fois, parce que ces technologies deviennent intrusives, la question est celle de la limite. Jusqu'où aller sans que cela nous fasse prendre un virage anthropologique et pose de graves problèmes éthiques ? Finalement, est-ce que le transhumanisme, qui utilise les technosciences pour augmenter les capacités de l'homme, n'est pas en train de modifier en profondeur notre compréhension de l'humain ?

Notons au passage que l'un des programmes de la Commission européenne s'intitule NEST (*New Emerging Science and Technology*). Celui-ci a identifié parmi ses priorités la question suivante : « Que signifie être humain ? » C'est la question philosophique par excellence. Elle dénote une inquiétude face à l'orientation de nos technologies qui peuvent bouleverser notre conception de l'homme.

Nous n'avons jamais autant eu besoin d'entendre les grandes voix du passé, notamment celle des grands humanistes, pour nous éclairer sur ces questions fondamentales. Nos innovations technologiques vont-elles dans le sens du progrès, de la dignité et de l'intégrité de l'homme ? Y a-t-il des valeurs que nous pourrions invoquer, qui nous serviraient de socle pour juger des limites que la technologie ne devrait pas franchir ?

Ces questions sont d'autant plus virulentes qu'elles touchent au domaine du vivant.

C'est par exemple le cas des biotechnologies et plus spécifiquement la biologie de synthèse. Que fait celle-ci ?

Elle est capable de deux choses, essentiellement : soit de modifier des systèmes biologiques existant (en intervenant sur des segments d'ADN malades pour les remplacer par des segments sains, ce que font les ciseaux génétiques CRISPR/Cas9), soit de les fabriquer de toutes pièces en les dotant de fonctions nouvelles.

C'est de cette manière que la biologie de synthèse a réussi à créer un génome en partie synthétique. Les médias en ont beaucoup parlé. Lors de ses expérimentations, Craig Venter, ce biotechnologiste américain, a réussi en 2010 à introduire un génome artificiel dans la cellule hôte d'une bactérie qui s'est multipliée. Elle a donc accepté le génome étranger comme étant le sien.

Cette prouesse permet de toucher du doigt la manière dont la biologie de synthèse réussit à modifier le vivant. Elle peut créer de nouveaux systèmes biologiques artificiels en manipulant, en réorganisant les gènes des organismes vivants.

Ce virage pris par les technosciences permet de créer des formes de vie hybride qui ouvrent sur des mondes complètement nouveaux… et inconnus. Comment ne pas s'inquiéter à la pensée que ces expériences pourraient un jour finir par rattraper l'homme pour augmenter ses capacités? On se doute bien que l'impact n'est pas le même quand on transforme le génome d'une bactérie et quand on transforme celui de l'homme.

Encore une fois, les promesses de réparation, de guérison sont réelles. Mais on se doit aussi d'imaginer les menaces qui pèsent sur nous en cas de dérives. Aujourd'hui, agir sur le corps humain de l'intérieur et toucher au code génétique contenu dans nos chromosomes n'est plus une fiction. Si les recherches se confirmaient, peut-être qu'un jour des hommes au génome mi-naturel, mi-artificiel nous remplaceraient.

Ces menaces sont tout à fait illusoires si l'on considère que l'homme a toujours opté pour la voie de la prudence et de la mesure face au champ des possibles. Mais elles sont bien réelles si l'on croit que la rage de Faust de vouloir se mesurer à l'infini n'est que braise qui couve sous la cendre. D'autant que les Faust que nous sommes aujourd'hui sont bien plus téméraires que le Faust du XIXe siècle. Faust, dans l'ouvrage de Goethe, disait : « Philosophie, hélas ! jurisprudence, médecine, et toi aussi, triste théologie !... Je vous ai donc étudiées à fond avec ardeur et patience : et maintenant me voici là, pauvre fou, tout aussi sage que devant car je vois bien que nous ne pouvons rien connaître ! » Eh bien, ce Faust est devenu autrement plus dangereux puisqu'il pourrait dire : « Je vois bien que nous pouvons désormais lire le livre de la nature puisque c'est nous qui l'écrivons, je vois bien que je pourrai bientôt consoler tous les damnés de la connaissance car nous pourrons bientôt tout connaître... »

L'idée importante qui est sous-entendue par les technosciences et dont il faut prendre conscience, c'est que le cadre naturel dans lequel nous évoluons est une possibilité parmi d'autres ; les processus naturels ne sont pas forcément les meilleurs possibles. C'est l'évolution darwinienne par sélection naturelle qui est remise en cause. Sur la base de ce postulat, plus rien n'interdit d'avoir un rapport technicien à la nature, pas seulement pour l'épauler mais pour la changer radicalement. Dans cette perspective, les manipulations génétiques ou la création de morceaux de vivant artificiels ne seraient plus utilisés à de simples fins thérapeutiques mais pour améliorer l'homme, augmenter ses capacités.

D'ailleurs, certains n'hésitent pas à exprimer tout le mépris que la nature, dans son état actuel, dans ses limites actuelles, leur inspire. C'est le cas de Damien Broderick, qui est un promoteur influent du design ou ingénierie du vivant. Il nous dit : « Ne peut-on penser que des nanosystèmes, conçus par l'esprit humain, court-circuiteront toute cette errance darwinienne pour se précipiter tout droit vers le succès du design ? » Court-circuiter l'errance de la nature, c'est court-circuiter le hasard. On ne peut s'empêcher encore une fois de penser à Faust qui rêvait de s'ériger comme grand maître du hasard. Grand maître de la finitude[1].

---

1. Notre culture place au cœur de son système la production et l'efficacité. Et elle n'est pas loin de proposer, pour reprendre l'expression de l'épistémologue Karl Popper, un programme métaphysique. Comme si nos avancées technologiques n'étaient pas dénuées d'intentions. Il y a en effet cette idée tout à fait originale qui semble émerger des technosciences : il faut produire pour pouvoir comprendre ; on ne peut connaître que ce qu'on crée. Ce qui fait étrangement écho au précepte fameux du philosophe du XVIIIe siècle Giambattista Vico : « *Verum et factum convertuntur* » (« Le vrai et le fait sont convertibles »). Faire c'est connaître, connaître c'est créer.

Avec les technosciences, l'idée même qu'on se fait de l'homme, de l'identité humaine se lézarde. Elle perd de son évidence et devient plus fragile.

Cette idée de l'homme était déjà fragilisée par l'extension de droits et de caractères qu'on croyait proprement humains à l'animalité, ou même à la nature (on parle aujourd'hui des droits d'un fleuve, des droits de la forêt…). Jusqu'aux années 1970, c'est le droit humain qui prime à travers les grands textes internationaux et les droits de l'homme. Et la nature est vue comme une chose à exploiter : c'est la formule cartésienne qui prévaut, l'homme comme maître et possesseur de la nature. Face à la dégradation de l'environnement, de nos écosystèmes qui semble menacer à terme le devenir des sociétés humaines, de nombreux pays ont choisi de changer de logiciel et de reconnaître les écosystèmes comme sujets de droit pour mieux les protéger, c'est-à-dire leur reconnaître le droit à l'existence ainsi qu'une personnalité juridique. La nature peut dès lors être représentée et défendue en justice.

L'homme n'est plus le seul à être un sujet de droit. Ces initiatives peuvent être qualifiées de louables malgré certaines dérives suscitées par la reconnaissance non seulement de droits aux écosystèmes mais aussi de devoirs. On se souvient qu'un juge zélé de la Haute Cour d'une ville indienne avait nommé des personnalités « parents du Gange ». Elles étaient tenues de rendre compte des « débordements » de leur « enfant ». La plupart de ces personnalités avaient fini par se désister, craignant d'être poursuivies en justice pour répondre de faits de noyades ou d'inondations.

Il n'en reste pas moins que cette révolution juridique contribue à raviver les blessures narcissiques de l'homme, celles-là mêmes identifiées par Freud en son temps et qui sont au nombre de trois.

Il y a tout d'abord la révolution copernicienne confirmée par Galilée. L'homme n'est plus au centre du monde. Il est sur une planète qui a le même statut que les autres.

Deuxième blessure narcissique : l'évolution par sélection naturelle de Darwin. Les espèces sont en compétition, et que le meilleur gagne ! *Homo sapiens* est le fruit d'une évolution et d'une lutte acharnée pour la survie. Il n'est pas né parfait, il a dû se parfaire.

Troisième blessure narcissique qui vient apporter le coup de grâce à l'orgueil de l'homme : le pouvoir de l'inconscient. Nous ne sommes pas aussi libres que nous le pensions et certaines de nos décisions, même les plus rationnelles, seraient motivées par des forces inconscientes dont nous n'avons pas la maîtrise.

C'est dans ce contexte que survient l'extension des droits à l'animal et aux écosystèmes. On pourrait presque parler de quatrième blessure narcissique.

Et si l'on ajoute à tout cela les technosciences qui contribuent, elles aussi, à fragiliser l'identité humaine en déplaçant la limite entre l'homme et la machine, entre le vivant et l'artificiel, entre le déficient et l'augmenté, eh bien, tant que nous y sommes, pourquoi s'arrêter en si bon chemin ? Nous pourrions parvenir à cinq blessures narcissiques.

Avec le transhumanisme, l'idée qu'on se fait donc de l'homme perd de son évidence. Ce qui est en jeu, c'est bien la question de l'altérité. Le transhumanisme modifie le rapport à l'altérité. Il y a une forme d'intolérance à l'altérité sous toutes ses formes : la maladie, le vieillissement, la mort. Avec le refus des limites naturelles, de la fragilité, de la finitude, de tout ce qui fait obstacle à notre désir de puissance, il y a ce risque d'une mécanisation de l'homme. Mécaniser l'homme, c'est en faire une créature indifférenciée, une créature sans altérité, assujettie à la logique mortifère de l'identité.

Nous sommes aux antipodes de l'humanisme du *Quattrocento* qui a pour socle vigoureux toute une philosophie de la relation.

L'humanisme, une expérience de l'altérité

L'homme est défini par les humanistes de la Renaissance comme… un indéfinissable. C'est un concept impossible à contenir. Il est d'ailleurs essentiel pour eux de ne pas chercher à enfermer l'homme dans une catégorie ou dans une notion.

Reconnaître que l'homme n'est pas une entité mesurable, une entité à mesurer, quel que soit le critère ou la norme, c'est ce qui est donc au cœur de l'humanisme des XVe et XVIe siècles.

Pic de la Mirandole, le philosophe florentin du XVe siècle, va écrire un ouvrage fondateur : le *De la dignité humaine*. Dans ce livre, il raconte dans des pages fameuses la création du monde par Dieu. Quand Dieu parvient à l'homme, il est saisi d'un grand doute. « Quelle nature te donner, quoi faire de toi ? Pour toi je veux le meilleur. Je ne te ferai donc pas l'affront de te fixer à une forme donnée. » Il va donc l'arracher à l'échelle des êtres en lui disant : « Ta forme d'homme, tu la créeras au gré de ton désir, de tes connaissances, de tes métamorphoses. »

Texte assez extraordinaire quand on y pense. L'humanité est certes un état donné, mais aussi et surtout une lente conquête… L'homme naît homme, mais par sa nature ouverte, accueillante à toute forme d'altérité, curieuse, flexible, mouvante, sujette aux transformations, l'homme peut s'humaniser davantage. Tout comme il peut se déshumaniser. Pic de la Mirandole fait de lui le théâtre de tous les possibles, de tous les dangers, mais aussi de toutes les promesses.

Ce texte a une résonance singulièrement moderne. Pic de la Mirandole nous met en garde : il ne faut pas comprendre la plasticité de la nature humaine dont il fait l'éloge, son ouverture au multiple, comme une malléabilité à l'infini de l'être humain.

Les transhumanistes de la Silicon Valley ont très curieusement fait de Pic de la Mirandole leur porte-drapeau. Ce concept de nature vide les a beaucoup fait fantasmer. Ils voient dans cette absence de nature une marginalisation de l'espèce humaine. Pour eux, l'homme n'a pas de privilège particulier. Il est un sujet d'expérimentation comme un autre. Ils aiment se référer à ce passage de l'opuscule de Pic de la Mirandole : « Toi, aucune restriction ne te bride. C'est ton propre jugement qui te permettra de définir ta nature. Tu es doté du pouvoir arbitral et honorifique de te modeler et de te façonner toi-même. »

Faut-il préciser qu'il s'agit d'un détournement de sa pensée ? Car, pour l'humaniste florentin, certes, l'homme a la liberté de se façonner une identité riche et complexe, mais ce n'est pas pour autant qu'il doit chercher à se défigurer. Dans son grand texte

De la dignité de l'homme, parlant de l'échelle de Jacob, il écrit : « Tantôt nous pourrons monter en rassemblant avec une force apollinienne le multiple dans l'un (unifier notre être), tantôt nous pourrons descendre en démembrant avec une force titanesque l'un dans le multiple, comme Osiris (et partir en éclats). »

Ce texte est très riche d'enseignements pour nous aujourd'hui puisqu'il semble avoir anticipé en quelque sorte les dérives des technosciences et du transhumanisme. Il nous présente un humanisme sous tension. Il y a deux attitudes appauvrissantes que nous signale Pic de la Mirandole :

La première, c'est la position figée, le repli identitaire par lequel on refuse toute forme de différence et de contradiction.

La seconde, c'est l'extensibilité inconsidérée des qualités de l'humain. Comment ne pas y voir une allusion à l'homme augmenté, Minotaure des temps modernes, qui rêve de s'émanciper en quittant sa condition humaine ?

Michel de Montaigne va contribuer à creuser le sillon tracé par son prédécesseur italien car il est l'apôtre d'un humanisme compris comme éloge de la différence.

On connaît l'étonnante formule de Montaigne : « Il se trouve plus de différence de tel homme à tel homme que de tel animal à tel homme. » Les hommes sont tellement différents les uns des autres qu'il y aurait plus de similitude entre un homme et un singe, par exemple, qu'entre un homme et un autre homme. Cela pose le débat.

Cette réflexion de Montaigne prend tout son sens autour de la notion de singularité, qui n'a évidemment rien à voir avec la singularité technologique promue par les géants de la tech. Celle-ci est ce moment où la machine finira par dépasser l'homme dans sa capacité de raisonnement. Or la singularité à la Renaissance a une tout autre signification. En effet, l'homme est un singulier en ce sens qu'il a en lui-même une valeur absolue. Et tout homme est une singularité absolue. Définir des critères technologiques sélectifs pour décider de sa valeur vient pervertir de fond en comble cette logique et fragiliser notre conception de l'homme.

L'homme conçu comme singularité absolue ou comme totalité indéfinissable devrait être un rempart à toute épreuve contre la tentation technicienne d'agir sur l'homme comme sur un simple amas de cellules ou une partie quelconque de matière.

« Chaque homme porte en lui la forme entière de l'humaine condition », précise encore Montaigne. Le singulier ne prend son sens que dans son ancrage dans l'universel. Pas un universel abstrait, celui qui fonde les idéologies, mais un universel concret qui repose sur une vision concrète de l'homme.

Ce singulier est universel parce qu'il a pour vocation de réunir. Ce singulier universel est proprement humain dans sa capacité à créer des relations dans la grande communauté humaine. Dans la vision humaniste, l'homme est un nœud de relations, de raccordements. Finalement, l'humain en l'homme est dans cette capacité à tisser des liens.

Ce singulier universel nous révèle toute la grandeur de l'humanisme de la Renaissance ; un humanisme qui est non seulement ouverture à l'autre – c'est un lieu commun de le dire –, mais qui recherche l'altérité. La nouveauté est là. L'humanisme n'est pas un consensus fade et facile mais la recherche de la différence, de ce qui déstabilise et m'arrache à mon point de vue qui n'est qu'une vision très étroite du réel.

On peut se demander, à la suite de Montaigne, si l'on ne doit pas envisager l'entreprise du XXIe siècle comme une plateforme de singularités. Celle-ci consisterait à valoriser les personnalités atypiques et à travailler sur la transversalité des talents, des métiers et des générations. Il est difficile d'avancer sans confrontation, de se renouveler sans se frotter ou se limer la cervelle à celle d'autrui, comme l'écrivait notre humaniste. Conscient de cette problématique, Walt Disney, par exemple, n'hésitait pas à dissoudre les équipes trop homogènes de ses studios pour en constituer d'autres, au sein desquelles le conflit jouerait pleinement son rôle de catalyseur de la créativité.

Montaigne nous le dit en permanence dans ses *Essais*. Il faut s'essayer à la pensée des autres pour voir plus clair dans son arrière-boutique. Il nous rappelle aussi que la vraie différence n'est pas entre moi et l'autre, mais entre moi et moi-même, quand l'homme s'affirme au détriment de l'humain. L'étranger, finalement, ce n'est pas l'autre, c'est l'inhumain en moi.

L'une des perles du bac 2020 sur les *Essais* est particulièrement savoureuse et… éclairante. Un élève avait écrit dans sa copie de philosophie : « Toute sa vie Montaigne a voulu écrire, mais il n'a fait que des *Essais*. » Selon l'élève, Montaigne n'a fait que des « essais », c'est-à-dire des ratages. Il aurait lamentablement échoué. Or Montaigne revendique cette idée des *Essais*, bien sûr, puisqu'il cherche à mettre sa pensée en selle. Il ne craint pas d'être désarçonné car il n'a pas un rapport dogmatique avec la vérité, mais un rapport critique. Imaginons la portée moderne de ce propos qui devrait être un garde-fou contre toute forme d'intégrisme ou d'autoritarisme dans la manière d'exercer ses responsabilités. La vérité ne se possède pas, elle se cherche. D'où les *Essais* non comme un ratage, mais comme le plus somptueux des hommages à l'intelligence humaniste et critique.

Pourquoi la rencontre est-elle l'impensé de la philosophie ?

Telle est la leçon de Montaigne : l'œuvre comme réceptacle de points de vue contraires est le lieu d'un surgissement créateur. L'*Alcibiade* en avait ouvert la voie. Pour Platon, nul ne se voit ni ne se pense en dehors du regard multiplicateur de l'autre. Cette philosophie de l'œil augure la rencontre dans le sens moderne de l'intersubjectivité, mais elle en reste éloignée car elle est au service de la connaissance et de la conscience de soi.

La question de l'« Autre » chez Platon demeure donc une catégorie logique de la pensée, celle qui permet d'articuler toutes les autres. Il y a bien la *philia* chez Aristote, mais le concept d'amitié ne qualifie pas dans son œuvre des relations interpersonnelles, dans leur dimension subjective. Il est plutôt au cœur du politique en tant que disposition pacifique qui cimente les membres de la société.

Pourquoi la philosophie occidentale a-t-elle eu du mal à penser la rencontre en tant qu'altérité radicale[1] ? Descartes n'y est pas tout à fait étranger. L'éruption du sujet pensant dans l'histoire de la philosophie opère comme un véritable tremblement de terre. Le *cogito*

1. La tradition biblique donne à voir cette radicalité. Elle met non seulement en scène la rencontre, mais plus encore la rencontre des rencontres, celle de l'homme avec Dieu, le tout-autre, l'absolument étranger.

ergo sum est ce qui consacre en effet la toute-puissance du sujet. Celui-ci, par l'exercice du doute, suspend l'existence du monde, des choses, des êtres qui l'habitent. La seule chose dont je ne peux douter, nous dit Descartes, c'est de ma pensée qui doute. L'argumentation est connue. Avec Descartes, on a donc un sujet pensant retranché du monde, coupé de son milieu. Ce séisme, d'abord métaphysique, a laissé des traces profondes. La rupture est consommée entre le sujet pensant et l'autre, quelles que soient les figures de cette altérité. En tout cas, la relation devient problématique, et ce n'est que par un détour intellectuel que le sujet pensant « récupère » en quelque sorte l'altérité. Celle-ci n'a plus rien d'évident puisqu'elle est ce que je mets en doute. Elle est ce à l'encontre de quoi j'exerce ma suspicion.

Le philosophe idéaliste irlandais Berkeley va radicaliser le doute cartésien en allant jusqu'à dire cette chose étrange : je ne peux être certain que de ma propre existence personnelle. Par conséquent, je ne suis pas en mesure d'affirmer que d'autres êtres semblables à moi existent réellement.

Si nous transposons ce raisonnement à l'échelle de nos interactions sociales, nous ne serions qu'une illusion les uns pour les autres. Des condamnés à la solitude. Des indigents de l'altérité. Mais, rassurons-nous, pour Berkeley, et c'est la définition de l'idéalisme dont il se réclame, être, c'est être perçu. L'existence des choses dépend de notre perception. Tant que nous

nous percevons les uns les autres, passe encore, nous existons. Mais nous ne pouvons pas percevoir ce qui n'est pas sous l'emprise de nos sens. Ce qui est «en dehors» n'existe donc pas en tant que substance matérielle mais en tant que chimère.

Ces convictions ne sont certes pas le meilleur point de départ pour questionner la rencontre. Toutefois, cette position extrême de Berkeley a le mérite de mettre en lumière la difficulté fondamentale que nous rencontrons pour penser l'autre dans sa dimension existentielle. Le risque est en effet toujours latent de se rapporter à l'autre en l'assimilant, c'est-à-dire en niant ce qui est «autre» en lui. La rencontre véritable nous renvoie dès lors à une question fondamentale : comment rencontrer l'autre sans réduire sa part d'étrangeté insaisissable? Comprise en ce sens, la rencontre est-elle d'ailleurs seulement possible?

Quoi qu'il en soit, la philosophie classique est en rupture avec l'humanisme de Montaigne. Elle n'aura pas voulu jouer le jeu du débordement que suppose toute rencontre. Dans *Entretien d'un philosophe chrétien et d'un philosophe chinois*, le philosophe Nicolas Malebranche fera ainsi de l'autre un objet de critique et de conversion plutôt que d'accueil. Or, toute rencontre véritable nous met provisoirement en danger. Elle crée des brèches dans une identité figée, elle la fissure, la dynamite même, parfois.

Il faudra attendre la philosophie contemporaine pour que soit questionnée frontalement la rencontre, avec un Emmanuel Lévinas qui la met sous le signe du visage et de l'infini, ou encore d'un Edmund Husserl, dont la phénoménologie va critiquer la philosophie de la subjectivité. Celle-ci est pour lui un processus d'abstraction qui produit intellectuellement les choses, vidant de sa substance la vie de la pensée et des êtres.

Le sujet est mort, vive l'autre en tant que singularité !

Il n'est de sens que par l'autre

Les philosophes depuis l'Antiquité nous enseignent que c'est par le détour de la différence qu'on accède à soi-même, à son identité. Pas une identité pauvre, qui est le retour du même, mais une identité multiple, ouverte, accueillante. À la manière des *Essais* de Montaigne.

Pierre Magnard, dans son dernier livre *Penser c'est rendre grâce*, écrit : « Il faudrait garder toujours le sens de l'autre, car il n'est de sens que par l'autre. Toujours vivre au risque de l'autre car c'est toujours lui qui décide de notre vérité[1]. » Pour nous qui vivons

1. Pierre Magnard, *Penser c'est rendre grâce*, Le Centurion, 2020.

aujourd'hui une crise du sens sans précédent, il y a là quelque chose de crucial à se réapproprier. Voir l'altérité comme une réponse à la crise du sens, c'est un programme humaniste dont la portée est considérable.

Plus loin, quand il se remémore son expérience de tout jeune professeur, il écrit dans le même esprit : « Curieux chassé-croisé que ce jeu d'adolescence où l'élève se cherche dans le maître tandis que le maître se cherche dans l'élève ! Lequel apprendra à l'autre ? Certainement pas celui que l'on pourrait penser. Je ne voulais d'autre modèle que Socrate qui ne cesse de se faire toujours plus petit pour que grandisse Alcibiade. »

Quelle magnifique leçon d'un maître qui nous dit qu'il cherche à se faire tout petit pour que l'élève puisse trouver son propre chemin. Que son rôle de pédagogue est plus d'accompagner que d'interférer. C'est peut-être même une leçon de management pour aujourd'hui, et pourquoi pas de leadership ! Quel paradoxe extraordinaire : être professeur, c'est se mettre à l'école de son élève. Être un grand dirigeant, c'est se mettre à l'écoute. Et cela n'est possible encore une fois que lorsqu'on fait cette grande découverte : il n'est de sens que par l'autre.

On retrouve Platon pour qui l'altérité n'est pas qu'une affaire de concepts, d'idées ou de mots. Elle est au cœur de la vie. Elle structure autant ma pensée que le réel. Elle est cette grande pourvoyeuse de sens !

On peut considérer, sous son parrainage, que l'altérité est la plus grande affaire de notre modernité. Tous les grands problèmes du XXIe siècle viennent se cristalliser autour de cette question.

Quel rapport d'altérité avec l'environnement ? Faut-il demeurer dans ce rapport de puissance et de surexploitation ou revenir à la coopération avec la nature que prônaient les humanistes ?

Quel rapport d'altérité entre les nations, quelle communauté internationale construire après la crise sanitaire ? Les États se replieront-ils sur eux-mêmes en cédant à la logique égoïste de la préférence nationale, ou, au contraire, iront-ils dans le sens d'une plus grande collaboration pour résoudre des problèmes transnationaux majeurs ?

Avec les progrès galopants de l'intelligence artificielle, quels rapports d'altérité entre l'homme et la machine ? L'homme augmenté par ses connexions va-t-il devenir un cyborg déshumanisé ou au contraire la symbiose de notre cerveau avec la machine nous permettra-t-elle d'acquérir de nouvelles compétences ?

Quel rapport d'altérité dans les organisations entre le top management, par exemple, et les collaborateurs ? Comment les grandes entreprises, qui ont une identité et une histoire forte du fait de leur ancienneté, peuvent-elles accueillir le changement, assouplir leur système d'organisation ? Se libérer du carcan bureaucratique pour mieux s'adapter au XXIe siècle et à ses incertitudes ?

Question iconoclaste consécutive aux confinements successifs imposés par la pandémie : comment concilier télétravail et altérité ? Avec le travail à distance, le risque est indéniable que la mobilisation collective se délite et que les liens se distendent.

On peut se demander, en dernier ressort, si l'on ne mesurera pas à l'avenir notre capacité à anticiper les grands défis de demain et y apporter les réponses adaptées en fonction de notre capacité à nous diversifier pour ne pas restreindre les options futures. Il appartiendra probablement au leader de demain de mener des actions flexibles en concertation avec un éventail d'acteurs le plus large possible, tout en permettant une appropriation collective des décisions.

5

Le progrès, un nouveau récit à construire…

Ruptures et renaissances : réinventer l'idée de progrès

Un projet très audacieux a été initié à Oslo : celui de la bibliothèque du futur. Chaque année, un auteur reconnu est invité à déposer un manuscrit qui doit rester sous scellés jusqu'en 2114. C'est une sorte de bouteille à la mer pour les générations futures. L'écrivain britannique David Mitchell, en déposant son propre livre dans la bibliothèque du futur, a dit : « Tout nous pousse à croire que nous sommes condamnés. Cette initiative est signe d'espoir, elle promet que nous serons là, qu'il y aura des arbres, qu'il y aura des livres, et des lecteurs, et une civilisation. »

Sans forcément rentrer dans cette dramaturgie, nous avons eu l'impression, dernièrement, de vivre la fin d'un monde. Avec la crise sanitaire mondiale que nous avons traversée, nous avons tous eu le sentiment de perdre le monde qui formait le cadre habituel de notre vie.

Et c'est l'occasion de se demander de quoi est fait notre monde. Qu'est-ce que c'est, d'ailleurs, que faire un monde ? Ce que nous avons vécu a jeté le doute sur la cohérence de notre société humaine. On l'a beaucoup dit, la pandémie a exacerbé les failles de nos systèmes, elle a montré les limites de notre organisation sociale, économique, environnementale. On a pris conscience que cette crise, d'abord sanitaire, était peut-être une crise plus profonde, qu'elle englobait notre manière même de vivre, notre rapport au monde.

Ce qui est sûr, c'est que nous sommes à une croisée des chemins. Nous allons sans doute devoir changer de paradigmes pour maintenir l'humanité sur le temps long de l'évolution naturelle. Au moins jusqu'en 2114 pour pouvoir découvrir ces ouvrages de la bibliothèque du futur. Nous allons devoir faire des choix qui sont autant de ruptures. C'est un fait. Mais il y a ruptures et ruptures.

Rompre avec des usages, rompre avec de vieux modèles ou de vieux systèmes devenus périmés, ce n'est pas du même ordre que ces grandes ruptures qui nous délient du monde et de nous-mêmes. Il y a le négatif de la rupture.

Après tout, la rupture, c'est ce qui a le plus façonné la conscience du XXe siècle : les grandes guerres, la

Shoah, Hiroshima… Quelque chose s'était ébranlé dans l'ordre de notre rapport au monde. On n'était plus dans la mutation de sens, comme cela arrive souvent durant les grandes périodes de transition, mais dans la perte de sens.

Et aujourd'hui encore nous continuons à nous penser en termes de rupture. Elle semble être la matrice de notre condition de modernes. Le mythe de la destruction créatrice configure encore nos sensibilités.

Notre relation au vivant s'exprime dans une forme de séparation, de violence, même, que ce soit avec la déforestation sauvage, le saccage de la biodiversité…

Même sur le plan politique, on observe une érosion du sentiment d'une appartenance commune. Les experts parlent de fracture sociale ou d'archipel français. Sans compter ce risque latent de passer d'un monde global à un monde d'archipels. Nos sociétés ont décidément de plus en plus de mal à se penser en termes de promesse collective, ce qui contribue à nous désorienter, à nous déboussoler un peu plus…

En réalité, ce qui nous manque, ce n'est pas la rupture. Ce qui nous manque, c'est le fait que le monde reste un. Ce qu'on redoute, c'est la perte en monde, c'est-à-dire la perte d'un horizon de sens.

Il faut dire que notre course effrénée en avant complique les choses. On court après le temps, on en a tous fait l'expérience, ce temps qui semble tourner à vide sur lui-même. Quand nous n'avons plus le temps, que nous reste-t-il ? Il reste l'urgence.

Nous avons identifié beaucoup d'urgences : climatique, environnementale, sociale, économique, sanitaire... Nous sommes dans une culture de l'urgence, dans un présent qui est vécu non seulement comme une immédiateté mais comme une urgence.

Et la question que nous devons nous poser est la suivante : et si l'urgence était ailleurs ? Et si l'urgence était d'abord philosophique ? Et si l'urgence était celle de réinventer notre rapport au temps et de récupérer l'idée si malmenée de progrès, c'est-à-dire l'avenir ? Notre rapport à l'avenir. Avec tout ce que cela implique. Et tout d'abord notre responsabilité individuelle et collective de faire un monde.

Rien de moins sûr que la rupture – qui est une rupture du temps, de la temporalité historique, du sens – nous permette d'édifier un monde. De comprendre, par exemple, ce qui nous relie, de voir aussi quelles sont les valeurs qui nous portent. Et puis il y a la question kantienne qui garde toute son actualité aujourd'hui : où allons-nous ? Quelle est la finalité ultime de notre action ?

Bien sûr, il peut paraître provocant de revendiquer l'idée de progrès alors que l'histoire a complètement discrédité cette notion, l'a vidée de son sens, de son contenu. Ô liberté, que de crimes commis en ton nom ! Nous pourrions dire tout à fait la même chose du progrès. Mais le progrès relève de l'idée de *pharmakon*, chez Platon. Il est autant le mal que le remède. Certes, nous avons pu, par le passé, prendre la voie d'un mauvais progrès, mais ce n'est pas une raison suffisante pour y renoncer. Ne faudrait-il pas plutôt avoir le courage de repenser cette idée de progrès sur des bases nouvelles ? Surtout que nous n'avons pas d'autre choix que celui d'aller de l'avant.

Nous le disions en introduction, aujourd'hui nous n'avons plus de grandes philosophies de l'histoire. Les grandes idéologies[1] non plus n'ont pas rempli leurs promesses – le mondialisme, le libéralisme, l'européisme. Si nous y ajoutons la désacralisation du monde, nous réalisons que nous n'avons plus ces grands récits qui fédèrent, qui nous permettent de nous projeter dans l'histoire, de nous penser dans une culture donnée. Le fonds commun qui nous relie s'en trouve fragilisé.

---

1. Pour Paul Ricœur, l'idéologie a trois fonctions bien distinctes. Elle est tout d'abord un processus de dissimulation, de distorsion du réel. C'est tout l'écart entre la vie réelle des hommes et la vie imaginée, rêvée.

L'idéologie est aussi une légitimation de la domination. Elle met en œuvre la rhétorique qui justifie la mainmise d'un groupe sur un autre. Elle sert enfin et surtout, selon Ricœur, de relais à la mémoire collective. Elle permet de consolider la mémoire sociale par la commémoration d'événements qui ravivent le sentiment d'une identité commune. C'est ce que Ricœur appelle la fonction d'intégration.

Si nous n'avons plus de philosophies de l'histoire, si nous n'avons plus d'idéologies, si nous n'avons plus de verticalité, que nous reste-t-il? Il ne nous reste plus que le progrès. C'est le progrès qui va nous permettre d'imaginer le «monde d'après» de manière positive. Surtout que, nous le voyons, c'est l'idée même de civilisation qui devient problématique. La civilisation n'est plus seulement une certaine idée de la culture, mais elle est aussi synonyme de tous les excès qui, à terme, menacent l'existence même de l'homme sur terre. La question écologique, l'accroissement des inégalités dans le monde, les systèmes politiques à bout de souffle… C'est le progrès qui va nous donner une trame de sens alors que l'humanité semble être arrivée à un tournant historique.

Réconcilier passé et avenir

Cette trame de sens, c'est un récit, mais aussi une direction. C'est se référer à ces valeurs de vie que nous avons en commun pour tracer la route, pour garder notre confiance dans le monde tel qu'il devrait être…

Comment se diriger si nous ne savons pas d'où l'on vient, si notre histoire est une lettre morte, si nous proclamons cette mystification de l'homme nouveau, venu de nulle part?

René Char disait que nous étions des héritiers sans testament. La formule est belle. Elle interroge. Pourquoi sommes-nous ces héritiers sans testament? Serions-nous devenus amnésiques? Aurions-nous oublié que l'intelligence doit se ressourcer pour pouvoir s'éveiller, surtout dans sa dimension critique? Serions-nous en passe de redevenir manichéens? À moins que nous ne soyons tombés dans le piège de la réappropriation politique du passé?

L'idée de progrès est importante parce qu'elle nous protège de ces dérives. Elle nous oblige à faire mémoire. Et, faire mémoire, c'est maintenir vivants ceux qui nous ont précédés, grâce auxquels nous sommes des vivants. C'est une promesse d'avenir…

Il y a là un enjeu politique très fort. Si nous sommes privés de ce que le passé nous a laissé de meilleur et si l'avenir nous est confisqué, parce qu'il est synonyme d'illusion ou de peur, alors nous nous retrouvons prisonniers d'un présent sans horizon, sans perspective.

Cette crise radicale que nous traversons est justement l'opportunité de se dégager définitivement du déclinisme, d'en finir avec les catastrophismes de tout genre et de reprendre notre destin en main. Quelle meilleure façon de le faire sinon en se réappropriant un peu d'espoir? Le progrès libère l'espoir.

Pour les partisans du catastrophisme, c'est une autre affaire. Le monde est vu, pour eux, comme une réalité stable, permanente. Dans cette perspective, le changement est forcément perçu comme une menace. C'est pour cette raison qu'il est décrit en termes d'effondrement. Mais, le problème, c'est que le monde comme stabilité n'existe pas. C'est un fantasme. Ce qui est vital avec l'idée de progrès, c'est qu'elle accueille le changement malgré la menace, malgré le désordre ou même le chaos. Elle nous arrache au scénario mortifère de la survie. Au contraire, c'est une affirmation de la vie dans sa puissance de transformation.

La vraie question, la seule question, est finalement de savoir en quoi nos crises multiples, successives, permanentes, pourront marquer l'entrée dans un nouveau monde.

La Renaissance : une idée éternellement jeune

Alors, quelle nouvelle Renaissance? C'est la question à laquelle il faut se heurter.

Et si nous allions chercher dans notre histoire les valeurs qui peuvent nous projeter en avant? N'avons-nous pas trop vite oublié la vision humaniste de l'homme que nous ont laissée les penseurs de la Renaissance? Cette vision humaniste pour laquelle il n'y a pas de progrès technique ou scientifique qui ne soit à la fois moral et spirituel. Nous allons devoir apprendre à nouer ces fils si nous voulons désamorcer les pièges du progrès.

Cet humanisme nous offre trois critères qui peuvent nous servir de socle pour construire et vivre une nouvelle Renaissance :

L'humanisme est, paradoxalement, une extraordinaire humiliation de l'homme. L'homme se rêvait le roi du monde et il se découvre impuissant à le connaître, à le soumettre. C'est en ce sens qu'on a pu parler de catastrophe humaniste. Cet oxymore, c'est toute la complexité de notre condition. Il y a le rêve de puissance qui prend ses racines à la Renaissance et qui atteint des proportions gigantesques aujourd'hui, et il y a la réalité de la finitude, de nos limites, de notre fragilité… L'humanisme se construit à travers ces deux dimensions. Le problème, c'est que nous avons tendance à garder l'une et à éjecter l'autre…

Faust, cette grande figure de la Renaissance, est un avertissement. Il a voulu échapper à sa condition humaine, à sa nature. Il a voulu se confronter à l'infini, il a voulu maîtriser le temps, en finir avec le hasard et l'incertitude. C'est un transhumaniste avant l'heure… Faust, c'est nous, dans nos excès.

La crise sanitaire que nous avons vécue, bien que dramatique, a eu au moins ce mérite : celui de nous ramener à un principe de réalité : notre humanité à l'état brut, aléatoire, précaire. Nous sommes brutalement passés de la conquête de l'espace à l'exiguïté de notre chambre. On se rêvait transhumanistes et on se retrouve vaincus par un virus invisible. On avait fait de la nature une mère et elle se révèle menaçante. Un minuscule bout de matière organisée aura réussi à mettre la civilisation à genoux.

On a là une humanité à bout de souffle… Est-ce que Dieu ne se serait pas trompé en misant sur l'homme, finalement ? Nous nous sommes tous posé la question un jour ou l'autre. Mais miser sur l'homme, c'est quoi ? Pic de la Mirandole répond à cette question. Il nous dit que Dieu a voulu arracher l'homme à l'échelle des êtres. Autrement dit, il n'a pas voulu en faire une créature comme une autre. L'homme a une forme de royauté dans l'ordre de la Création. Mais il ne faut pas se méprendre. C'est une façon de nous dire que, si l'homme a un statut exceptionnel, cette noblesse l'oblige. La puissance humaine qui vise le progrès est indissociable de la responsabilité à l'égard du monde. C'est l'autre grande leçon de l'humanisme.

Quand on sait que, sur sept milliards d'humains, plus de cinq milliards n'ont pas accès à des conditions de vie décentes, on se dit qu'on a mal compris le progrès. Quand on considère que la nature est une banque dans laquelle on peut puiser à l'infini, là aussi on se dit qu'on a mal compris le progrès.

Et c'est cela même que nous apprennent les humanistes. Pour pouvoir faire un monde, il y a déjà un monde à préserver, à épargner, un lien humain et social à construire. C'est pour cette raison qu'ils ne parleront jamais de l'homme comme d'un individu. Le danger est là, justement.

L'individu, c'est ce qui me délie du monde. C'est ce qui me porte vers l'individualisme. Or l'individualisme, c'est l'expression d'une perte. C'est être en retrait par rapport au monde. C'est le désengagement par rapport à la vie civile, à la collectivité. C'est aussi ne plus avoir confiance dans le politique et dans sa capacité à avoir un impact sur le cours du monde alors que c'est le politique qui porte les grandes utopies dont nous avons tant besoin aujourd'hui.

Dans la vision humaniste, l'homme n'est résolument pas un individu. C'est un singulier. Cette notion de singularité porte une exigence très haute. Il n'y a pas de singularité qui ne soit responsabilité. L'homme est défini, par les humanistes, comme le lien et le nœud de l'univers entier dont il a la charge. Sa capacité à lier, à se lier, à inventer de nouvelles formes de « vivre ensemble », à vivre de manière harmonieuse et équitable avec son milieu, c'est l'expression même de son humanité.

L'humanisme compris en ce sens est peut-être le plus grand défi qui nous soit renvoyé aujourd'hui. C'est un programme d'action, c'est un programme politique. Il nous interroge au cœur même de nos vies. Il nous renvoie à des questions essentielles qui nous poussent à nous remettre complètement en question. Des questions très concrètes que nous pouvons imaginer. Par exemple : quelle communauté internationale digne de ce nom construire après une telle crise ? Et si cette crise sanitaire réorganisait nos systèmes en nous apprenant à composer avec le manque à gagner pour construire un monde plus équitable ? Et si elle était l'occasion de réinventer le politique sur d'autres critères que la seule performance économique ? De réinvestir le temps long, celui par lequel je deviens responsable de mes décisions et de mes omissions face aux générations futures.

La troisième grande leçon de l'humanisme, la plus cruciale peut-être, consiste dans la foi en l'homme et en l'avenir. On a pu entendre, au plus fort de la crise sanitaire, des discours un peu défaitistes : tout sera comme avant, passé la mobilisation des premiers temps. Nous serons de nouveau pris dans les vertiges de l'économie libérale mondialisée, des impératifs de croissance. La pandémie de coronavirus ne fera qu'accélérer les tendances actuelles de l'histoire plutôt que de les remodeler. Elle ne sera qu'une confirmation du monde d'avant en moins bien puisque la crise économique mondiale encouragera les comportements égoïstes.

Eh bien non, rien ne sera comme avant ! Nous avons besoin de foi en l'avenir, pas de cynisme. Ce n'est pas l'imaginaire de la catastrophe qu'il faut mobiliser pour répondre à nos crises. Il faut laisser à l'homme sa chance. Lui redonner sa chance en laissant toute sa part à l'incertitude. Cette dernière crise nous aura au moins appris cela : à lâcher prise. Elle nous oblige à renoncer à nos dogmes. Elle nous confronte au temps le plus riche qui soit, le temps de l'incertitude, le temps de tous les possibles, finalement. Le potentiel de ce que nous avons vécu est immense. Nous allons pouvoir donner sa chance à l'homme. Nous allons pouvoir créer les conditions du progrès. Pas le progrès comme un dogme, pas le progrès comme un modèle figé de perfection, pas le progrès comme la maîtrise illusoire du temps. Ce progrès-là est définitivement mort. Il faut en tout cas l'espérer.

Le progrès qui vaut la peine de mobiliser notre volonté passe d'abord par le plus grand dénuement. Qui est celui de la foi. Nous ne savons pas si demain sera meilleur qu'aujourd'hui mais nous avons le devoir d'y croire. C'est une exigence morale. C'est une nécessité vitale. Ce qu'on peut dire du progrès, c'est qu'il est peut-être la plus belle fable que l'homme ait inventée. Et quel courage, de continuer à y croire surtout par temps d'incertitude. Mais l'incertitude, comment ne pas en faire l'éloge alors qu'elle est ce qui nous reste d'espoir ?

On connaît la formule salutaire de Nietzsche qui écrivait dans *Ecce Homo* : « Ce n'est pas le doute qui rend fou, c'est la certitude. » Selon lui, c'est une illusion de penser que le monde dans lequel nous évoluons est identique à lui-même. Cette illusion, nous l'entretenons pour apaiser nos peurs. Mais si nous avions le courage de voir les choses en face, nous réaliserions que le monde est un chaos, fluant et refluant, éternellement changeant. Pour Nietzsche, c'est la certitude qui nous paralyse, nous empêche d'avancer et d'être créatifs. Il nous aide à prendre conscience que c'est la vie elle-même qui est faite de crises, de ruptures et de rebonds permanents. Il y a bien sûr les ruptures qu'on choisit, et il y a surtout celles qu'on subit en permanence et qui sont d'ordres très divers : la rupture amoureuse, familiale, professionnelle, écologique…

Les ruptures, d'une certaine manière, me révèlent à moi-même en me mettant à l'épreuve. Je réalise ce dont je suis capable sur le plan individuel, ou collectif, d'ailleurs : quels sont les nouveaux ressorts d'action que je vais mettre en œuvre pour me maintenir, pour ne pas me laisser aller à la dérive, quelles sont les nouvelles voies que je suis capable de tracer, les nouvelles bifurcations que je vais prendre ? Quel est l'homme « nouveau » qui va se révéler à l'occasion de ces crises fondamentales ?

Somme toute, c'est peut-être notre chance d'être « éjectés » des philosophies de l'histoire et des processus qui la mettent en œuvre. C'est une manière pour nous de retrouver notre liberté, d'initier du neuf, d'entreprendre. Voilà pourquoi saint Augustin écrit avec une audace surprenante : « Si Dieu a créé l'homme, c'est parce qu'il est la possibilité d'un commencement[1]. » L'homme est celui qui peut infléchir le cours des choses, leur donner un nouveau départ. Nous ne sommes pas nés pour mourir mais pour innover. Nous ne sommes pas venus sur terre pour survivre mais pour nous renouveler.

La crise est une brèche dans le temps. Et c'est cette brèche même, ce « petit non-espace-temps au cœur du temps », selon la belle formule de Hannah Arendt, qui est la possibilité d'un nouveau commencement.

Il faut donc espérer que l'homme ancien en nous est mort. Cet homme ancien, c'est l'homme pressé de Paul Morand, qui court, qui s'agite, qui se consume dans une fuite en avant. Il se chronomètre en s'habillant pour améliorer sa performance, il n'atteint un but que pour courir vers un autre encore. C'est le mouvement perpétuel, sans trajectoire, sans finalité.

Cet homme ancien, c'est aussi le voyageur sans bagage de Jean Anouilh. On se souvient de Gaston qui était devenu amnésique à la suite de la Première

1. Saint Augustin, *La Cité de Dieu*, XII, 20 : « *Initium ut esset creatus est homo, ante quem nullus fuit.* »

Guerre mondiale. On le trouve dans une gare, errant, sans aucune conscience de son passé. Il est réclamé par une centaine de familles qui croient toutes reconnaître en lui qui un fils, qui un père.

C'est l'homme de nulle part, déraciné, sans attaches, sans mémoire, sans histoire.

Ni l'homme pressé de Paul Morand ni le voyageur sans bagage de Jean Anouilh ne peuvent tracer l'avenir.

Tracer l'avenir, c'est en finir avec l'état d'ébriété du monde. C'est renouer avec la retenue, c'est garder notre idéal intact.

Quand Paul Valéry déclare que le jugement le plus pessimiste sur l'homme et les choses s'accorde merveilleusement avec l'action et l'optimisme qu'elle exige, il nous dit quelque chose de cet idéal.

Quand Benjamin Constant écrit : « Un seul système me semble expliquer l'énigme de notre existence individuelle et sociale, un seul me paraît donner un but à nos travaux, à nous soutenir dans nos incertitudes, à nous relever. dans nos découragements. Ce système est celui de la perfectibilité de l'espèce humaine », il nous dit quelque chose de cet idéal.

Quand Martin Heidegger affirme qu'il faut apprendre à habiter le monde car nous sommes comme ces bergers qui ont perdu leur pâturage, il nous dit quelque chose de cet idéal.

L'urgence de faire un monde

Imaginons… Nous sommes en 2114. Les milliers d'arbres qui ont été plantés dans la forêt Nordmarka pour abriter la bibliothèque du futur sont devenus une nouvelle Amazonie. Des hommes, des femmes, adossés contre des arbres, lisent, peut-être l'un de ces livres tenus longtemps secrets. Ils ont maintenant plus de temps libre puisque la part automatisable de leur travail a été déléguée aux robots et à l'intelligence artificielle. C'est un véritable changement d'ère dans tous les sens du terme puisque l'air même de la planète Terre est plus respirable. L'un des livres a pour titre « 2020 ». Il raconte l'épopée de ces hommes qui ont cru, envers et contre tout, qui ont saisi leurs crises à bras le corps comme une opportunité inespérée pour réinventer le monde, pour en améliorer les règles. Ils ont imaginé un capitalisme plus responsable, une société plus solidaire, un rapport au monde vivant moins prédateur. Et la face de la Terre s'en est trouvée changée…

Ce livre reste à écrire, avant qu'il ne soit vécu. Ce n'est résolument pas la fin de l'histoire, idée qui avait été relayée par Francis Fukuyama dans les années 1990. C'est le début d'une autre histoire. Les démocraties du monde ne sont plus à l'heure du triomphalisme. Aujourd'hui, plus que jamais, nous avons besoin de grands projets de transformations qualitatives.

Le plus grand défi de nos démocraties contemporaines est sans nul doute de répondre à la crise du progrès et de récupérer l'avenir. Pour faire un monde.

Il est magnifique de réaliser que le monde n'existe pas en tant que réalité objective. Il est ce que nous en faisons. Il dépend de notre bonne volonté. Saint Augustin le savait déjà, lui qui disait : «J'ai longtemps cherché au-dehors ce qui se trouvait en moi.» Il a compris que, pour faire un monde, il ne fallait pas le chercher au-dehors comme une extériorité, mais à l'intérieur de soi comme une capacité.

Aucune Renaissance ne peut faire l'économie de ce moment-là ! Cette prise de conscience, ce travail d'intériorité, c'est ce qui nous renvoie à notre responsabilité d'œuvrer en commun contre le délitement du monde.

On a pu dire que notre modernité était la destruction programmée de notre intériorité.

Ne soyons pas trop prompts à rompre, à déconstruire. Il faut avoir une identité solide pour se prévaloir de tous les métissages, de tous les croisements intellectuels, culturels, économiques. Elle est là, la leçon humaniste. Elle nous rappelle que la mondialisation est ce rêve de l'humanité réconciliée avec elle-même et qu'il faut coûte que coûte le maintenir, ce rêve, à condition bien sûr d'imaginer de nouvelles formes de solidarité.

Certes, le travail qui nous attend est immense. Il n'est pas difficile de prévoir que nous risquerons de nous décourager, de céder à l'inquiétude, à la peur. La peur de l'autre, la peur de son visage, la peur de l'inattendu. La peur dont l'un des symptômes les plus redoutables est le repli identitaire.

Que ferons-nous de nos peurs ?

Saint-Exupéry nous apporte un début de réponse. Il nous dit que « Seul l'inconnu épouvante les hommes. Mais pour quiconque l'affronte, il n'est déjà plus l'inconnu[1] ».

Il va falloir se retrousser les manches. Surtout que chaque génération est interpellée par l'humanisme, chaque génération est appelée à vivre une nouvelle Renaissance. Chaque génération a la possibilité d'améliorer le monde.

La Renaissance est toujours un pari. La Renaissance, finalement, c'est nous. Et c'est vertigineux de savoir que nous avons rendez-vous avec l'histoire.

---

1. Saint-Exupéry, *Terre des hommes*, Gallimard, 2019.

Conclusion

Comment s'étonner, au terme de ce parcours, que l'imagination soit au cœur de la Renaissance ?

On l'a vu, l'homme n'éprouve son humanité que dans l'invention de lui-même et du monde. Au départ, l'homme n'est rien. Il n'est même pas doté d'une essence. Entièrement en avant de lui-même, il est projeté dans le possible. Il faut l'imaginer sortant des mains du Créateur tel un être sans qualités, comme « personne », pour reprendre les mots d'Ulysse face à Calypso. Il est sans qualités mais cet état indique un pouvoir, et une responsabilité. Car il se sent investi de la mission de s'inventer un destin tout en créant des liens pour la sauvegarde du monde.

Mais l'homme de la Renaissance a-t-il seulement le choix ? Miroir de notre époque, le *Quattrocento* est un temps de grands bouleversements, de crises dans tous les domaines. L'homme est le témoin de ces temps d'incertitude. Et l'acteur aussi. Le génie de l'homme de la Renaissance est là. Il répondra à l'incertitude par l'imagination. Loin de se crisper sur lui-même, il va libérer sa puissance de métamorphose. Il sait qu'il doit imaginer, créer, innover pour être à la hauteur d'un monde qui change.

Il nous montre que nos crises ont toujours partie liée avec la possibilité de l'inédit. Elles sont toujours un révélateur, un moment de vérité. Elles nous offrent la possibilité d'un commencement. Et ce commencement, c'est l'homme qui en incarne le principe. C'est l'un des principaux enseignements de la Renaissance.

Les hommes de ce temps-là sont comme nos frères aînés. Nous vivons une même mutation du rapport au temps et à l'espace. Notre révolution numérique n'est pas de moindre envergure que la révolution de l'imprimerie qui a transformé en profondeur la société et l'accès à la connaissance.

Nous sommes exactement dans la même situation qu'eux, dans ce temps charnière. L'homme, ne l'oublions pas, a dû apprendre à réévaluer le monde qui n'était plus idyllique à cause d'une perte irrémédiable. Nous allons devoir apprendre à réévaluer le monde.

Les temps s'y prêtent. On observe aujourd'hui comme une sorte d'accélération de l'histoire. Il y a des changements profonds qui déstabilisent l'ordre mondial et créent de nouvelles tensions. Ce sont, par exemple, les mutations technologiques qui créent des ruptures dans les économies existantes, c'est la question de l'environnement et du réchauffement climatique, l'essor des nationalismes et des populismes, ou encore les risques de nouvelles pandémies dans un monde globalisé. Ces différentes tensions sont une opportunité car elles nous « forcent à revenir aux questions elles-mêmes et requièrent de nous des jugements directs », dirait Hannah Arendt.

Notre chance est de pouvoir nous appuyer sur l'expérience des géants du *Quattrocento*.

Que nous apprennent-ils ?

Ils nous apprennent tout d'abord que nos révolutions techniques ou technologiques sont un vecteur de création et de progrès considérables à condition que l'homme ne soit pas éjecté du processus parce que lui seul peut retenir le sens et être le gardien de la causalité.

Aussi, l'imagination est-elle une faculté éminemment politique dont la fonction première est de mettre en relation. N'est-ce pas ce qui nous manque le plus aujourd'hui dans nos sociétés asceptisées qui souffrent de la rupture du lien humain et social ? Il nous faudra sans doute imaginer de nouvelles formes de « vivre ensemble », fécondées par la *philia* si chère aux Grecs, dont Socrate en son « pensoir » en offrait le témoignage permanent en le payant de sa personne.

Ce n'est pas la ciguë qui a tué Socrate, c'est le syllogisme, écrivait Paul Valéry. Cette réflexion résonne comme une mise en garde. Allons-nous entériner l'ère du syllogisme ou, au contraire, laisser l'imagination nous éclairer, puisqu'elle est le « soleil du microcosme », selon la belle formule de Paracelse ? Pour l'homme d'imagination, la crise est toujours un chemin… Si l'on veut l'emprunter, il importe de libérer la pensée vagabonde qui ne tolère aucun cloisonnement, aucune discrimination. Loin des logiciels victimaires qui flattent ceux qui s'en réclament dans une position essentialiste dont les penseurs de la Renaissance avaient déjà perçu le danger.

C'est l'imagination créatrice qui joue ce rôle de garde-fou salutaire et nous maintient dans la catégorie du *non finito*. Il faudrait méditer sur cette dimension de l'œuvre inachevée. Nos œuvres ne valent que par leur inachèvement, nos actions conquérantes sont celles qui sont capables de bifurquer en permanence, de se remettre en question, nos identités ne valent que dans le déploiement. Tout comme il n'est de pensée véritable qui ne soit échange fraternel, loin des sectarismes contemporains, qui s'empressent de juger et de condamner, se croyant dispensés de réfléchir. Or, nous rappelle Hannah Arendt, la pensée commence là où s'arrête la certitude.

Notre époque justement souffre de trop de certitudes dont nos réseaux sociaux se font la caisse de résonance, enfermant trop souvent les utilisateurs dans une complaisance communautaire. N'ont-ils pas fait leur temps, les procès en sorcellerie et autres formes de justice expéditive ? Faudrait-il allumer encore et encore le bûcher d'un Giordano Bruno ? Ou nous laisserons-nous au contraire déborder par l'abondance et la richesse du réel ?

N'est-elle pas là, la sagesse de l'inachèvement ?

L'homme lui-même est une œuvre inachevée.

Pour nous qui vivons dans un monde hypertechnologique, où le numérique devient le principal medium entre nous et le dehors, peut-être est-il venu, le temps de renouer avec la « pensée désintéressée » que Martin Heidegger opposait à la « pensée calculante ». Le danger avec cette dernière, c'est que l'homme ne se pense plus qu'en termes techniques, comme une ressource à exploiter de manière productive. Comme une donnée parmi d'autres.

Mais est-ce que nos données peuvent tout dire de nous ?

Est-ce qu'elles peuvent rendre compte de tous les éléments de la vie humaine ?

Est-ce qu'elles prennent en compte la richesse du monde dans sa diversité ?

Est-ce que l'une des tâches de l'imagination ne sera pas de conquérir ou reconquérir des territoires humains perdus ?

Tout compte fait, on peut dire que ce qui fonde la différence spécifique de l'homme, sa singularité, c'est moins sa raison dans sa dimension de calcul et d'abstraction (nous sommes d'ailleurs de plus en plus concurrencés sur ce terrain par les machines) que sa puissance créatrice.

L'homme est celui qui peut nous étonner.

L'homme est celui qui peut encore, malgré les drames qui constituent la trame du monde, regarder celui-ci avec candeur.

Qu'elle est précieuse, cette candeur qui est la vraie jeunesse de l'esprit ! Il faudrait retrouver la candeur des hommes de la Renaissance. La fraîcheur de continuer à croire au progrès, à croire que les œuvres de notre imagination peuvent nous conduire vers un humanisme renouvelé.

Annexe

Parcours d'innovation

Kepler, pionnier de la rupture

Dans les moments de doute, le principal guide de Kepler fut son imagination. Elle est ce qui lui permit de débroussailler son labyrinthe intellectuel.

On retrouve chez Kepler le pouvoir émotionnel de l'imagination qu'évoquait Jean-François Pic de la Mirandole. Sa fascination pour le Soleil et l'harmonie du système planétaire ont contribué à le mettre sur la bonne voie dans la recherche de ses lois physiques.

Quant à la capacité de métamorphose, tant louée par l'humaniste florentin, Kepler semble l'incarner de manière exemplaire. Il avait en effet une plasticité de pensée et une disposition à rebondir d'une idée à une autre tout à fait étonnante.

Il personnifie aussi la déprise de soi célébrée par Montaigne. Elle constitue même l'une de ses plus grandes forces, lui qui avait cette aptitude rare de créer des ruptures dans son propre univers mental.

On retrouve enfin ce rapport émerveillé et magique à la nature et à ses phénomènes, comme chez Giordano Bruno, que Kepler avait très probablement lu.

Une imagination hors normes

Avant de suivre Johannes Kepler dans sa démarche créatrice, évoquons rapidement son enfance et sa jeunesse. Elles nous éclairent sur son environnement psychique, sur les contraintes qui ont été les siennes et avec lesquelles il a dû composer…

Son enfance a été très difficile, un enfer, de son propre aveu. Il est issu d'un milieu très pauvre. Son père était un mercenaire qui avait failli être pendu pour ses crimes, sa tante avait été brûlée pour sorcellerie, sa mère, sorcière également qui préparait des potions à longueur de journée, avait échappé de justesse au même sort. La progéniture est nombreuse. Elle vit entassée dans une misérable maisonnée paysanne, sous les brutalités du père et les hurlements de la mère.

La grande chance de Kepler fut de bénéficier d'une bourse d'études pour enfants pauvres ayant de bonnes dispositions. Toutefois, son génie était visible.

Ses camarades le considéraient comme un insupportable fort en thème. Il fut donc persécuté, de l'école au séminaire, puisqu'il se destinait à une carrière ecclésiastique, avant que le destin n'en ait voulu autrement.

Son enfance misérable a sans doute contribué à enfanter un personnage hors normes. Arthur Kœstler, dans son livre remarquable *Les Somnambules* (1954), écrit : « Kepler avait ce don mystérieux de trouver à la pression intérieure des issues originales ; de transformer ses tourments en créations, comme une turbine extrait le courant électrique des tourbillons d'un fleuve. »

En réalité, le jeune Kepler s'intéresse à tout. Il compose des pièces de théâtre, des comédies. Il écrit aussi en 1608 le fameux *Songe ou l'Astronomie lunaire* qui est un véritable roman d'anticipation.

Il y a assurément à son époque toute une tradition du voyage imaginaire vers la Lune, mais, avec Kepler, il y a un passage de la spéculation merveilleuse vers la spéculation scientifique. Il utilise la fiction pour faire passer ses idées astronomiques.

Sa foi dans le voyage interplanétaire donne un relief particulier à son livre. Il imagine les obstacles au voyage spatial, il propose des solutions, il s'enthousiasme : « Créons des navires et des voiles adaptés à l'éther et il y aura un grand nombre de gens pour n'avoir pas peur des déserts du vide. »

En outre, il va avoir, dans ce livre, des intuitions très en avance sur son temps. Il a été, par exemple, le premier à deviner qu'entre la Terre et la Lune il n'y avait pas d'oxygène et qu'il allait donc falloir trouver une solution pour faire voyager l'homme. Il imagine qu'il est nécessaire d'endormir le voyageur pour amortir la force de propulsion dans l'espace. Il entrevoit aussi le risque d'écrasement à l'alunissage et la nécessité d'y apporter des réponses adéquates.

Le Songe ou l'Astronomie lunaire est plus qu'une curiosité, c'est déjà un programme. On y trouve des hypothèses d'une inventivité remarquable.

Ce qui stimule le vagabondage intellectuel de Kepler, c'est l'esprit d'une époque, imprégnée d'alchimie, de magie et de pseudo-science. On retrouve toutes ces dimensions dans son œuvre. Il fait des amalgames surprenants entre l'astronomie et l'astrologie, la géométrie et la théologie, la physique et la métaphysique qui sont typiques de sa démarche.

Certes, cela représente pour nous une curiosité et pourtant, c'est dans la juxtaposition de ces éléments disparates que se trouve toute la force de créativité de l'astronome. C'est en effet ce fatras incongru d'idées, associé à une imagination très féconde, qui va permettre à Johannes de devenir Kepler.

La confrontation d'univers différents a été déterminante dans le processus de créativité de Kepler et dans l'obtention de résultats cruciaux pour la physique moderne.

L'IMAGINATION AU SERVICE DE LA SCIENCE

Faisons un petit effort d'imagination…

Nous sommes dans l'une de ces maisons typiques de la Renaissance, faite d'un mélange de bois et de torchis, il n'y a presque pas d'ouvertures. Il fait très sombre. Un homme d'un âge moyen est penché sur une table de chêne. Il est absorbé dans ses pensées. Dans la flamme crépitante, il regarde défiler sa propre vie. Il pense à sa mère Katherine accusée de sorcellerie qui avait échappé de peu au bûcher. Cette authentique magicienne lui avait appris à connaître les secrets des plantes, des pierres, des métaux, des animaux…

Il pense à ce directeur de l'université de Gratz qui lui avait donné sa chance alors qu'il s'apprêtait à devenir clerc. Être nommé à vingt-trois ans professeur de mathématiques et d'astronomie, ça ne se refuse pas. Surtout quand on crève de misère ! Mais ses classes étaient vides. Les étudiants ne comprenaient rien à son cours. Trop d'enthousiasme, d'impétuosité, de digressions perpétuelles. Mais il avait le courage d'imaginer des questions nouvelles, qui n'avaient jamais été posées avant lui. Au diable la pédagogie ! En fin d'année, le directeur avait dû faire un rapport. Il avait dit à la commission qui était chargée de le suspendre : « On ne doit pas reprocher à Kepler l'absence d'étudiants car l'étude des mathématiques n'est pas l'affaire de tout le monde ! » Il avait cru en lui, il avait entrevu une œuvre en gestation. Puisse la postérité se souvenir de lui. Mais cette œuvre est à l'arrêt à cause de ce maudit Tycho Brahe qui ne veut pas partager avec lui le résultat de ses observations. Pourtant, il prétendait avoir besoin d'un collaborateur. Son secrétaire dit qu'il le redoute, qu'il redoute son imagination débordante. Il ne sait que faire de cet alignement de chiffres, d'observations. Il craint qu'il ne s'en empare pour retrouver le sens d'un univers qui lui reste fermé…

Mais laissons là Kepler dans ses rêveries…

La démarche créatrice

Essayons d'accompagner Kepler dans sa démarche et de trouver à travers les digressions qui sont les siennes des éléments qui peuvent nous parler encore aujourd'hui. A-t-il des secrets de fabrication, des outils d'inventivité ? Y aurait-il des clés qui à cinq siècles de distance pourraient servir encore à déverrouiller les portes de la créativité ?

Quand on évoque Kepler, on pense d'emblée à ses fameuses lois. Mais peu de gens savent qu'il nous a laissé des confessions d'une modernité étonnante. Il est l'un des premiers découvreurs à nous livrer son cheminement intérieur et scientifique. Elle est très loin de lui l'idée de maquiller les affres de son parcours qui l'ont mené à ses découvertes. Au contraire, dans l'*Astronomia nova*, il nous décrit par le menu ses erreurs, ses échecs ; il fait état de ses doutes, de ses égarements, avec beaucoup d'humour d'ailleurs. Il partage avec nous ses solutions de rechange quand il parvient à une impasse. Et il en a, des solutions de rechange ! Son univers intellectuel est d'une telle richesse, d'une telle complexité qu'il n'est jamais à court d'idées. Il a une capacité de rebondir, dirions-nous aujourd'hui, assez fascinante.

Les mémoires de Kepler devraient, à certains égards, être la Bible du créateur et du futur innovateur. Surtout que, au-delà de l'introspection, il s'inquiète de son lecteur en permanence. Il se croit obligé de le prendre par la main pour lui expliquer comment les ressorts de la créativité fonctionnent. Il nous dit par exemple : « Ce qui m'importe, ce n'est pas seulement de faire savoir au lecteur ce que j'ai à dire, c'est surtout de lui narrer les raisons, subterfuges et heureux hasard qui m'ont conduit à mes découvertes. »

C'est le processus qui l'intéresse car il est conscient qu'à travers les erreurs et les échecs se prépare une découverte d'envergure.

*

Ce qu'il y a de particulièrement frappant chez Kepler, c'est sa capacité à produire des ruptures. Des ruptures, il en fait plusieurs :

Rupture tout d'abord avec la cosmologie traditionnelle. L'obsession de Kepler est d'apporter une explication physique, mécanique, au mouvement des planètes et non plus métaphysique. La machine des cieux n'est plus cet être vivant animé par le seul souffle divin. Elle est pour Kepler un mouvement d'horlogerie dont il faut comprendre les rouages.

Il effectue un saut qui le fait passer de la perfection géométrique formelle à la causalité physique. Avec lui, l'astronomie et la physique se trouvent réunies pour la toute première fois, alors qu'elles étaient séparées depuis plus de deux mille ans. On peut considérer qu'il s'agit-là d'une révolution scientifique aussi importante que celle qui a vu la naissance de la philosophie lors du passage du mythe à la raison en 600 avant J.-C. en Grèce.

De plus, Kepler est le premier à établir qu'il n'y a qu'une seule et unique loi pour expliquer la machine du monde. Pour nous, cela est de l'ordre de l'évidence, mais il faut se remettre dans le contexte de l'époque et imaginer un homme, seul contre tous, qui s'efforce de se dégager de la tradition, notamment aristotélicienne. Plus que d'une tradition, de ce qui fait autorité. Ce qui ne va pas empêcher Kepler, dans les contradictions propres à son génie, de solliciter une toute dernière fois son maître vénéré, Michael Maestlin, au tout début de ses recherches pour quémander son avis. Démarche bien inutile puisque son maître lui écrira : « Tu te fourvoies à vouloir rechercher des causes physiques pour expliquer l'univers. C'est par la géométrie qu'il faut traiter l'astronomie et non par la physique. » Il pousse de toute urgence la brebis égarée à revenir sur le droit chemin, à revenir à une théologie céleste plutôt qu'à une causalité physique.

On pourrait passer très vite sur cette petite histoire mais on aurait tort de ne pas l'apprécier à sa juste portée. On se retrouve face à deux personnages qui, chacun dans son rôle, a une valeur de paradigme. On a d'un côté le maître vénéré qui a formé Kepler, qui a peut-être mis en place les conditions d'éclosion de son génie. Mais ce maître lui-même n'arrive pas à changer sa vision du monde. Il est comme écrasé par deux mille ans de cosmologie aristotélicienne.

De l'autre côté, on a Kepler qui va rompre avec la tradition, on le disait, qui va rompre avec le maître vénéré et qui va surtout finir par rompre avec son propre système de croyance.

Faisant donc preuve d'une surdité salutaire, il s'engage dans une entreprise fantastique pour chercher des lois physiques universelles.

Dans l'*Astronomia nova*, sous une plume d'abord hésitante puis de plus en plus assurée, Kepler remplace le mot « âme », avec toutes ses connotations théologiques, par le mot très moderne de « force ». Il a une intuition très forte. Les planètes ne sont plus en mouvement grâce à leur âme mais grâce à une force physique intrinsèque.

Cette intuition, Kepler ne parviendra pas à la formaliser parce qu'il ne connaît pas la force d'inertie qui fait persévérer un corps dans son mouvement ni la gravitation qui incurve ce mouvement en orbite fermée. Mais malgré cette ignorance, son intuition va le mettre dans la bonne direction.

Elle aura d'ailleurs permis à Newton d'engendrer les lois qui fondent la physique moderne même si ce dernier, qui avait une dette immense envers Kepler, ne la reconnaîtra jamais.

Kepler va faire une autre rupture avec la cosmologie traditionnelle, de manière très originale d'ailleurs, parce qu'elle donne à voir sa démarche décomplexée, sa souplesse d'esprit.

La recherche de critères mécaniques et physiques pour expliquer les phénomènes célestes va se révéler décevante. Kepler ne se décourage pas pour autant. Au contraire, il s'engage dans une autre voie et essaye de comprendre la réalité physique sous un autre angle en troquant les lunettes de physicien contre celles de métaphysicien. Il faut savourer le paradoxe. Kepler expulse la métaphysique par la grande porte et la fait rentrer par une petite fenêtre. Comment retrouve-t-on la métaphysique ?

Il y a chez Kepler une croyance très forte en l'harmonie du monde, en l'harmonie du mouvement des planètes, qu'il tire de ses convictions religieuses. L'Univers, puisqu'il est harmonieux, doit pouvoir être décrit en termes mathématiques.

L'idée de l'harmonie en elle-même est très ancienne. La nouveauté chez Kepler tient au sens qu'il donne à la notion d'harmonie. L'harmonie n'est pas un postulat *a priori*, comme chez les Anciens, un impératif préétabli, qui échappe à toute observation et qui règle pourtant le fonctionnement du monde.

Les harmonies mathématiques chez Kepler, au contraire, se fondent sur l'observation, elles sont en accord avec l'expérience. La rupture est là ! S'il y a des impératifs, ils sont ceux de l'expérience. On sort de la logique pythagoricienne de la perfection formelle et qualitative des nombres. La relation qui existe entre les choses est désormais quantitative. L'harmonie devient la conséquence d'une loi mathématique qui parvient à mettre de l'ordre dans la multitude des phénomènes.

Par cette nouvelle attitude, Kepler introduit une rupture mentale essentielle qui va libérer l'imagination et l'ouvrir à l'infini des possibles.

Cette rupture mentale va lui permettre d'ores et déjà de renoncer au dogme du cercle et d'accepter l'idée que l'orbite des planètes n'est pas circulaire mais elliptique.

Rendons justice à Kepler en mesurant combien le chemin de la découverte fut douloureux. Il nous faut imaginer son déchirement, ce qu'il a dû lui en coûter de renoncer à la plénitude du cercle pour accepter les ellipses, lui qui était pythagoricien jusqu'à la moelle, comme l'écrira Gerald Holton, l'historien des sciences.

Le sacrifice est immense, l'un des plus grands de la science moderne. Il faut se rappeler que Galilée ne s'était jamais rallié aux ellipses de Kepler. Quant à Copernic, n'avait-il pas dit que « l'intellect recule avec horreur » devant un mouvement céleste non circulaire et non uniforme ?

On peut le comprendre. Si la vitesse des planètes est en chaque point différente, cela veut dire que le monde est complétement déréglé. C'est extrêmement déstabilisant pour un esprit de l'époque. Le génie de Kepler sera de retrouver l'harmonie dans la disharmonie apparente du mouvement des planètes.

Uccello, le batelier de l'incertitude

À l'époque d'Uccello, la perspective linéaire est le modèle prédominant. C'est Brunelleschi qui en fait la toute première proposition, à Florence, en 1413. Il tente l'expérience fameuse, dite de la *tavoletta*, et réussit à établir le rapport étroit qui existe entre point de vue et point de fuite. Il démontre, en effet, que le point de fuite est un point imaginaire, situé dans la direction du regard, et vers lequel convergent les lignes visuelles. Le point de fuite représente ainsi le point de vue de l'observateur.

Alberti théorise la perspective centrale dans le *De pictura* en 1436 et corrobore l'idée selon laquelle le tableau est une fenêtre sur le monde. La formule est célèbre. Elle sera reprise par Léonard de Vinci. Le tableau est une fenêtre : c'est un dispositif rigoureux, qui fait de l'homme un second dieu en lui permettant d'exprimer la structure universelle du monde.

Quitte à choquer ses contemporains, Uccello se démarque des artistes de son temps en tournant le dos à la perspective linéaire qu'il juge trop rigide. La démarche d'Uccello est riche d'enseignements pour les innovateurs car la toile est pour lui un terrain d'expérimentation. Il a l'audace d'oser, la liberté de proposer, sans souci de plaire à quiconque, ni au prince ni au public. Son biographe, Giorgio Vasari, le prenait pour un esprit fantasque et bizarre.

Le sculpteur Donatello, ami intime de Paolo Uccello, le reprend un jour dans son atelier, en lui disant : « Mais, Uccello, quelle curieuse manière tu as de manier la perspective. Fais attention, ta perspective te fait abandonner le certain pour l'incertain. » Il lui disait aussi : « Paolo, tu laisses la substance pour l'ombre ! » Et, de fait, Uccello ne se préoccupait pas d'être réaliste. Il ne veut pas se conformer au réel, encore moins aux principes artistiques de son temps. Précurseur d'un Paul Eluard pour qui « la terre est bleue comme une orange », Uccello considère que les champs sont bleus comme l'immensité du ciel et les cités sont rouges comme des fruits trop mûrs.

Ce qui occupe la quête obsessionnelle d'Uccello, c'est la combinaison des lignes, leur conduite vers l'infini. La quête de la forme parfaite l'obsède. Elle se traduit chez lui par une abstraction de plus en plus importante des figures.

Multiplier les points de fuite

En matière de perspective, Uccello opte pour la perspective bifocale latéralisée. Autrement dit, les principaux foyers de fuite sont aux extrémités. C'est une protestation implicite contre le centralisme d'Alberti qui donne à l'œil du spectateur une place fixe.

Dans *La Chasse de nuit* de 1470, qui est le tout premier tableau de l'artiste, Uccello pousse sa liberté créatrice jusqu'à son paroxysme. Il choisit de faire éclater les points de fuite. Il y en a partout, pour chaque sujet, pour chaque ensemble d'objets. Le message est clair : l'artiste semble nous dire que le point de fuite unique et central est une aberration, une abstraction mathématique. Comment rendre compte d'une réalité mouvante en faisant converger les lignes de fuite en un seul point? L'exercice est artificiel, sinon réducteur. Certes, Uccello utilise les ressources du point de vue central, mais il ne s'en contente pas car il veut propulser le spectateur dans une dynamique. Dans ces conditions, comment admettre les perspectives statiques, figées, pétrifiées, dont *La Cité idéale* d'Urbino est le modèle? Cette dernière est une œuvre anonyme. Elle est un accomplissement de la perspective centrale. Ses règles y sont appliquées à la perfection, mais l'exercice reste académique.

La Cité idéale fixe le monde dans la perfection de l'éternité. Il y a une immobilité étonnante de la place centrale qu'aucun signe de vie ne vient troubler ou corrompre. C'est un cliché qui capte un fragment de réel dans une tentative de totalisation factice.

À l'immobilité de la *piazza* délaissée Uccello va opposer la temporalité d'une scène de chasse inquiète et périlleuse. Le spectateur est plongé dans le mouvement, presque le chaos, comme rappelé aux impératifs de la vraie vie.

Le parti pris perspectif d'Uccello témoigne de ce mouvement. Le point de vue du peintre s'aligne sur celui des cavaliers pour donner l'illusion au spectateur de participer à cette chasse, d'en être une partie prenante. Presque à notre insu, nous sommes l'un des cavaliers. Nous voulions céder à la facilité d'être les spectateurs du théâtre du monde. Nous en devenons les acteurs.

Nous sommes aux antipodes de *La Chasse au cerf* (1529) de Lucas Cranach, où le spectateur n'a aucune prise sur la scène. En effet, l'artiste adopte un point de vue tout en hauteur, qui suggère que c'est l'œil même de Dieu qui se pose sur la scène. Celle-ci surgit comme d'un rêve, sorte de fragment d'un monde porté à l'absolu. Fragment frappé d'éternité car il est saisi par un regard omniscient.

Chez Uccello, au contraire, nous sommes happés. Cette chasse est la nôtre. Nous n'avons pas le choix. Nous devons nous engager dans le monde, ou dans le théâtre perspectif qui en est l'image, ne pas avoir peur d'affronter les contradictions du réel. Le contraste entre les troncs immobiles et l'agitation de la scène rend compte de ces contradictions. On a l'ordre immuable des choses et le désordre fébrile de la vie des hommes. Il y a aussi le chevauchement, comme deux épées qui se croisent, de la rationalité mathématique et de l'imaginaire du créateur, sans qu'aucun l'emporte sur l'autre.

On voit bien, dans cette effervescence de la chasse, que le monde qui hante l'artiste est ouvert à tous les paradoxes de l'imaginaire et de la création.

Casser les codes

La *Chasse de nuit* a beaucoup déconcerté les contemporains d'Uccello. Et pour cause. L'artiste y casse tous les codes en vigueur, et pas seulement ceux de la perspective linéaire[1].

Les premiers codes que le peintre florentin casse sont ceux de la chasse elle-même. Il suffit de voir le croissant de lune. N'importe quel traité de chasse indique que c'est pure folie de chasser en pleine nuit. Il ose cette folie comme pour faire un pied de nez à la tradition. L'étiquette de la chasse non plus n'est pas respectée. Les cavaliers et leur meute sont dans une sorte de mêlée désordonnée. Il n'est pas difficile de prédire que cette chasse est vouée à l'échec. Pour ce qui est des bâtons des cavaliers, ils sont plus hauts que les personnages eux-mêmes, ce qui contrevient à toutes les règles, même du bon sens.

De plus, cette chasse ne correspond à aucun lieu, il y a une sorte d'irréalité historique, comme un brouillage de pistes voulu par l'artiste. En effet, ce tableau relève de la visualité pure. Le motif ne semble avoir aucune importance en lui-même. Les variations perspectives servent plutôt de support à l'irrationnel, à la sensation, au rêve. Ce n'est pas la vérité de la chasse qui est recherchée mais une vérité bien plus ample et inatteignable.

D'où les défauts que le spectateur identifie au cœur de ce monde fantastique. Les surréalistes, André Breton

1. Voir le beau livre de Jacques Darriulat, *Uccello : chasse et perspective*, Kimé, 1997.

et Giorgio De Chirico en tête, ne s'y sont pas trompés. Ils ont reconnu leur propre quête dans cette dimension fantastique et hallucinatoire de l'œuvre.

Dans ces conditions, on comprend mieux l'éclatement des points de fuite voulu par Uccello dans *La Chasse de nuit*. Il est comme une formidable prémonition de l'infini. Car si l'espace est illimité, il devient impossible de localiser un seul point de référence. Celui-ci ne peut plus être fixe mais relatif. Uccello va donc multiplier les points de référence sur la toile qui sont autant de centres autonomes. La perspective d'Uccello est excentrique au sens propre dans la mesure où elle n'a pas de centre unique[1].

1. Au départ, l'excentricité est un terme géométrique. Elle se dit des cercles dont les centres s'écartent d'un point donné.

La volonté de mesurer le monde s'ouvre curieusement sur la question de l'infini, même si les peintres n'ont pas les moyens encore de tirer toutes les conséquences de leurs expériences. Ce travail d'explicitation théorique prendra des siècles et mobilisera autant les mathématiciens que les philosophes. Ce pressentiment qu'ont les renaissants de problèmes théoriques qui les dépassent introduit un paradoxe dans la perspective elle-même. La perspective cherche à mesurer la démesure du monde, à maîtriser le non-maîtrisable.

La prolifération des points de fuite évoque un sentiment de perte, une recherche sans fin. Point d'humanisme triomphant chez Uccello, mais un humanisme sur la brèche. L'homme paraît ballotté par des forces qui le dépassent. Même les personnages ont l'apparence d'automates, de marionnettes qui se déplacent dans un espace désarticulé.

Sur le plan philosophique, le territoire de la chasse devient celui où s'affrontent l'homme et le monde, le visible et l'invisible. Cette chasse est peut-être finalement celle de l'œil qui chasse le sens. Il y a un duel aussi intense que celui de Jacob et de l'ange, ici entre le regard du peintre et sa cible, qui est insaisissable. D'ailleurs, un élément du tableau frappe d'emblée tout observateur attentif : l'absence, qui a une présence bien réelle. Car l'objet de la chasse, le cerf lui-même, s'échappe et s'enfonce dans la forêt obscure qui semble être le véritable motif du tableau ! Mais où va donc cette meute désordonnée ? Où vont ces cavaliers désarticulés ?

L'absence imminente de proie révèle une crise profonde. Crise qui fait surgir le monde comme irréel ou étranger. La crise est tout d'abord crise de la connaissance. Aussitôt relayée par celle de l'homme au monde qui se découvre au bord d'un abîme.

Celle-ci résonne encore à travers la toile, enjambant les siècles comme un écho lancinant.

Brunelleschi, le maître du paradoxe

Le paradoxe : au cœur de l'innovation…

Le paradoxe est une vieille histoire. Il existe depuis que la doxa existe, c'est-à-dire depuis que l'homme est capable de se forger une opinion. En effet, le paradoxe est littéralement le contre-pied de l'opinion commune.

Il n'est pas étonnant que la philosophie, en quête de vérité, s'en soit préoccupée dès l'Antiquité.

Le paradoxe joue un rôle dans la rhétorique : il est utilisé pour séduire, convaincre ou surprendre.

On le retrouve dans la sophistique. Les disciples de Protagoras étaient friands d'éloges en guise de paradoxe. Pour eux, aucune connaissance n'est certaine, et le paradoxe est une figure de l'incertitude.

On le retrouve enfin dans la philosophie avec Socrate d'abord, qui est la figure tutélaire du paradoxe. Y a-t-il adversaire plus pugnace que Socrate des idées reçues, lui qui feignait l'ignorance pour ouvrir le champ du savoir? Socrate qui incarne le paradoxe jusque dans son apparence puisqu'il alliait une très grande laideur avec une beauté intérieure rayonnante.

On peut aussi citer Héraclite et la lutte des contraires, les stoïciens et leurs célèbres paradoxes moraux ou encore les platoniciens chez qui le paradoxe est une nécessité puisque la dialectique platonicienne se déploie dans une critique de la doxa.

Toutefois, malgré cette riche histoire, le paradoxe occupe un statut à part à la Renaissance. Bien plus qu'une figure de rhétorique ou une gymnastique de l'esprit, il a la particularité d'échapper au critère de vérité ou de mensonge parce qu'il met en évidence la structure, la complexité même du réel.

Cette époque nous a laissé une idée clé : l'innovation est toujours dans le paradoxe compris comme rencontre des contraires. Il n'y a pas de pensée innovante qui ne soit paradoxale. Le paradoxe stimule la pensée, il porte en lui le doute créateur, les remises en question, l'esprit de progrès et de réforme. Il accule la raison à produire de la nouveauté.

Les titres des ouvrages de l'époque sont révélateurs de la tension créatrice que génère une pensée de nature paradoxale : la *De la docte ignorance* (Nicolas de Cues), l'*Éloge de la folie* (Érasme), l'*Éloge de l'asinité* (Giordano Bruno), *Discours de la servitude volontaire* (Étienne de La Boétie), ou encore l'*Utopia* de Thomas More, le pays de nulle part…

La Renaissance se situe résolument dans un clair-obscur.

Les lumières seraient trop crues pour la Renaissance, trop définitives. Si on devait utiliser une image, la Renaissance est un jour qui se lève et qui n'en finit pas de se lever dans le sens où l'obscurité est concomitante à la clarté. Les clartés de la raison ont besoin des régions obscures de l'imaginaire qui ouvrent le champ des possibles. Le paradoxe, dans un sens, est un pont jeté entre le réel et le possible, le réel et l'imaginaire.

Le théologien et philosophe Nicolas de Cues est l'un des premiers à mettre le paradoxe au cœur de sa philosophie, avec les notions de conjecture et de coïncidence des opposés. Il nous démontre que l'intelligence créatrice avance de pair avec l'esprit de contradiction. Le paradoxe est consubstantiel à l'acte de connaissance. Même si l'horizon de sa pensée est d'abord métaphysique, la finalité reste la découverte, la créativité.

Il sera suivi par Pic de la Mirandole qui lie, dans son œuvre, paradoxe et métamorphose. La vérité s'éprouve quand la pensée élargit le champ des «contrariétés». Pic de la Mirandole nous apprend que le paradoxe est partout à demeure tant que la pensée est en mouvement.

... et clé de voûte de Santa Maria del Fiore

Et si la réalisation de la fameuse coupole de Santa Maria del Fiore, à Florence, était la résolution d'un paradoxe?

Tout commence par l'histoire d'une vieille rivalité entre les cités italiennes de Sienne et Florence.

Voulant défier Sienne, Florence, qui avait le goût de la compétition, s'était engagée en 1300 dans la construction d'une église aux dimensions hors normes. En 1315, la construction de l'édifice est achevée mais le transept qui doit accueillir la coupole reste béant. Autant dire que les Florentins ont engagé un chantier sans avoir les moyens techniques de le parachever. En effet, ils ne savent pas comment poser une coupole de 43 mètres de hauteur sur un diamètre gigantesque de 55 mètres. La méthode habituelle de construction ne semble pas pouvoir être transposée facilement. Elle consiste, rappelons-le, à poser les pierres sur un cintre en bois qui fait office de soutien temporaire, jusqu'à la pose de la clé de voûte qui répartit les forces et permet de retirer ensuite le support de bois.

Le problème restera irrésolu pendant un siècle jusqu'à ce que Brunelleschi remporte le concours lancé par la ville de Florence en 1415 pour achever le projet.

Le paradoxe semble être au cœur de la démarche intellectuelle et créative de Brunelleschi.

On trouve tout d'abord une pensée en crise. Il y a confrontation de l'artiste à un problème *a priori* insoluble, qu'on pourrait qualifier de degré zéro du processus créatif. C'est en l'occurrence Brunelleschi face à la béance de la cathédrale. Imaginons ses doutes devant le gigantisme du chantier. Vais-je y parvenir? Vais-je pouvoir tenir mes promesses? Il ne faut pas oublier que Brunelleschi s'était engagé auprès de la commission à réaliser le dôme tout en refusant de produire la moindre maquette. Il avait simplement prétendu avoir la solution et la technique.

Brunelleschi s'interroge. Les vieux modèles de panthéon romain sont-ils encore adaptés? Probablement pas puisque élever une coupole jusqu'à 90 mètres au-dessus du sol, partant d'un diamètre de 55 mètres, exigerait d'énormes quantités de bois. Sans compter les problèmes d'assemblage de ce support. De toute évidence, une autre solution s'impose, inédite cette fois.

C'est alors que s'opère ce qu'on pourrait décrire comme un passage à la limite de la raison. Celle-ci arrive à un point de rupture ; elle est poussée dans ses retranchements. Instant crucial où tout peut basculer dans un sens comme dans l'autre. Échec ou réussite, tout est encore possible.

Le point de rupture chez Brunelleschi consiste à rompre définitivement avec les anciens modèles. Rappelons que l'ensemble de ses concurrents avaient proposé la technique traditionnelle du cintrage en bois, en continuant à s'inspirer des temples romains. On pensait à l'époque que l'architecture des Romains était insurpassable. Brunelleschi est le seul à considérer, avec grande lucidité, que cette méthode n'est pas applicable au dôme de Florence. Il allait falloir trouver autre chose, faire un saut conceptuel. Une rupture !

La pensée se retrouve confrontée à un nœud, à un paradoxe dont la résolution ne peut que passer par une solution innovante.

Le paradoxe chez Brunelleschi est le suivant : comment édifier huit pans sur un octogone de base sans cintre de soutien ? Comment construire un cylindre sans le faire par ses génératrices successives ? Comment empiler chaque niveau de pierre sur le précédent sans qu'il s'effondre ? Autrement dit, comment défier les lois de la gravité ?

Brunelleschi réalise qu'il n'a pas d'autre choix que celui de s'adapter aux contraintes fantastiques du chantier. Et la solution qu'il imagine est de nature elle-même paradoxale. Il conçoit une structure autoportante, stable à tous les niveaux de la construction, en s'inspirant de l'harmonie du corps humain. Les contreforts du dôme sont l'équivalent du squelette humain : c'est l'ossature du dôme. Les chaînes qui relient les contreforts sont assimilées aux tendons. Les briques sont l'équivalent des muscles, etc.

La structure provisoire supposée soutenir l'édifice se soutient elle-même, en définitive.

Et cette surface autoportante, autre paradoxe, se présente comme une sphère angulaire. En effet, le dôme est constitué de deux calottes, l'une intérieure et l'autre extérieure, qui s'articulent autour d'une sphère imaginaire. L'idée de Brunelleschi est de transférer les propriétés de solidité inhérente à la sphère sur les huit pans de calottes octogonales qui constituent la base de l'édifice. Les deux calottes du dôme sont donc édifiées autour d'une sphère invisible, ce qui permet la répartition optimale des forces en présence et la possibilité d'une structure autoportante.

Sur le plan pratique, Brunelleschi imagine un nouvel agencement des briques entre elles, un agencement tout à fait révolutionnaire. Avec l'ancienne technique, le fait d'empiler des briques à l'horizontale, les unes au-dessus des autres, en les décalant légèrement, créait des points de rupture, des plans qui pouvaient se séparer et glisser. Brunelleschi résout de manière géniale ce problème en améliorant une technique héritée des Étrusques, dite la technique en arêtes de poisson. Il va ajouter des briques verticales à l'empilement horizontal pour verrouiller les zones de faiblesse du mortier et empêcher de longues sections de se fissurer et de glisser. Pour prévenir l'effondrement, les matériaux de remplissage deviennent de plus en plus légers à mesure que les ouvriers montent dans l'empilement.

Brunelleschi a opté pour un système d'assemblage des briques à la fois horizontal et vertical. Dans ce système, c'est l'idée centrale, il n'y a aucune rupture. Tout est lié ensemble des millions de fois pour créer une spirale continue et autoportante.

Il invente bien sûr d'autres techniques comme celle de la rosace et des cordeaux qui va permettre aux murs de se rejoindre à 90 mètres de hauteur. Il serait fastidieux de les répertorier. Reste que ces inventions multiples, croisées à la technique en arêtes de poisson, lui ont permis de réaliser l'impossible et de faire tenir 37 000 tonnes de maçonnerie en défiant toutes les lois de la pesanteur.

Dans le cas du dôme, les antagonismes ont joué un rôle créateur. Brunelleschi a vu dans le conflit une clé plutôt qu'un obstacle, une troisième voie. Il est rentré en quelque sorte dans le jeu d'une dialectique ternaire, d'une pensée conjecturale dotée de son dynamisme propre qui tend vers l'infini. Le dôme étant à l'évidence une image de la perfection divine.

L'architecte reprend la symbolique traditionnelle de la sphère comme expression de la divinité qui vient à la rencontre de nos imperfections, représentées, quant à elles, par l'action rectiligne. Les travaux de Brunelleschi semblent d'ailleurs faire écho aux recherches de Nicolas de Cues sur la quadrature du cercle. On est face à un problème géométrique qui n'est pas sans avoir des implications philosophiques et théologiques.

Il est fascinant que ce soit un orfèvre qui ait trouvé la solution du dôme Santa Maria del Fiore. Pas un architecte, pas un ingénieur, ni un mathématicien, mais un orfèvre. De notre point de vue (étroit), la solution ne peut venir que d'un spécialiste. Or elle est venue d'un artiste qui *a priori* n'y connaît rien. La formation initiale de Brunelleschi a probablement joué un rôle déterminant dans ses inventions. À la Renaissance, on considérait que l'orfèvrerie était la voie de la créativité par excellence. Sans doute en raison des multiples facettes de ce métier qui regroupe des compétences diverses : celles de planeur, de tourneur, de ciseleur, de monteur, de polisseur, et qui requiert une grande précision.

On peut se poser la question de savoir dans quelle mesure Brunelleschi a raisonné en orfèvre face à un problème d'architecture. L'analogie, disons-le au passage, est souvent utilisée comme méthode de travail à la Renaissance. Elle est au cœur de la démarche créatrice.

Il semblerait enfin que les idées philosophiques de son temps aient eu une influence sur l'appréhension du problème. Le néoplatonisme revit une seconde jeunesse à la Renaissance, le néoplatonisme qui met en avant une métaphysique de l'unité. Il y a un imaginaire du lien à la Renaissance. Tout est lié organiquement par une chaîne invisible. Il y a des rapports de connivence infinie entre les différents ordres de réalité, du Soleil à la pierre inerte.

On peut considérer que Brunelleschi a raisonné en philosophe et en mage avant de raisonner en technicien. N'a-t-il pas imaginé une architecture où il n'y a aucune rupture, où tout se tient, à l'image du monde ?

Bibliographie

Peter Sloterdijk, *Après nous le déluge*, Payot, 2016.

Sébastien Ledoux, *La Nation en récit des années 1970 à nos jours*, Belin, 2021.

Hannah Arendt, *La Crise de la culture. Huit exercices de pensée politique*, Gallimard, 1972.

—, *La Condition de l'homme moderne*, Calmann-Lévy, 1983.

Joachim de Flore, *L'Évangile éternel*, Rieder, 1928.

Kate Raworth, *La Théorie du Donut. L'économie de demain en 7 principes*, Plon, 2018.

Jean-François Pic de la Mirandole, *De l'imagination*, Comp'act, 2005.

Antonio Damasio, *L'Erreur de Descartes*, Odile Jacob, 2010.

Montaigne, *Essais*, Flammarion, 1979.

Pierre-André Taguieff, *L'Imaginaire du complot mondial*, Fayard, 2006.

Giordano Bruno, *Des liens*, Allia, 2001.

Thomas More, *L'Utopie*, GF Flammarion, 1998.

Ayn Rand, *La Grève*, Les Belles Lettres, 2017.

Platon, *Alcibiade*, Le Livre de Poche, 1998.
—, *Sophiste*, GF Flammarion, 2006.
—, *Timée*, GF Flammarion, 1999.

Aristote, *Éthique à Nicomaque*, Vrin, 1987.

Miguel Abensour, *L'Utopie de Thomas More à Walter Benjamin*, Sens & Tonka, 2009.

Saint-Just, *Fragments sur les institutions républicaines*, Techener, 1831, consultable en ligne.

François Rabelais, *Le Tiers Livre*, Le Seuil, 1998.

Fred Turner, *Aux sources de l'utopie numérique*, C&f Eds, 2021.

Giuliano da Empoli, *Les Ingénieurs du chaos*, JC Lattès, 2019.

Friedrich Nietzsche, *Humain, trop humain*, Le Livre de Poche, 1995.

Shoshana Zuboff, *L'Âge du capitalisme de surveillance*, Zulma, 2020.

Erik Olin Wright, *Utopies réelles*, La Découverte, 2020.

Francis Bacon, *La Nouvelle Atlantide*, GF Flammarion, 1995.

Bertrand Gilles, *Les Ingénieurs de la Renaissance*, Hermann, 1964.

Robert Nozick, *Anarchie, État et utopie*, PUF, 2016.

Gaston Bachelard, *La Psychanalyse du feu*, Gallimard, 1985.

Carl Jung, *Psychologie du transfert*, Albin Michel, 1985.
—, *Ma vie*, Gallimard, 1973.

Heidegger, *Essais et Conférences*, Gallimard, coll. « Tel », 2008.

Georges Dumézil, *Le Festin d'immortalité*, Paul Geuthner, 1924.

Nicole Le Douarin, *Les Cellules souches porteuses d'immortalité*, Odile Jacob, 2007.

Jean-Pierre Luminet, *Illuminations, Cosmos et Esthétique*, Odile Jacob, 2011.

François Jacob, *La Statue intérieure*, Odile Jacob/ Le Seuil, 1987.

Giambattista Vico, *De l'antique sagesse de l'Italie*, GF Flammarion, 1993.

Jean Pic de la Mirandole, *De la dignité humaine*, L'Éclat, 1993.

Emmanuel Lévinas, *Totalité et Infini*, Le Livre de Poche, 2006.

Pierre Magnard, *Penser c'est rendre grâce*, Le Centurion, 2020.

Paul Ricœur, *Temps et Récit*, Le Seuil, 1985.
—, *L'Idéologie et l'Utopie*, Le Seuil, 1997.

Francis Fukuyama, *La Fin de l'histoire et le Dernier Homme*, Flammarion, 2009.
—, *Le Début de l'histoire*, Saint-Simon, 2012.

Gerald Holton, *L'Imagination scientifique*, Gallimard, 1981.

Stéphane Toussaint, *Humanismes, Antihumanismes*, Les Belles Lettres, 2008.

Saint Augustin, *Les Confessions*, Le Seuil, 1982.
—, *La Cité de Dieu*, Le Seuil, 1994.

Françoise Bonardel, *Philosopher par le feu*, Le Seuil, 1995.

Jacques Darriulat, *Uccello : chasse et perspective*, Kimé, 1997.

Tim Parks, *Medici Money*, Atlas Books, New York, 2005.

Remerciements

Toute ma reconnaissance va au professeur Pierre Magnard qui a inspiré mon travail pendant de longues années par les échanges féconds que nous avons pu avoir.

Je remercie Bernard Georges et Véronique Anger-de Friberg pour leur relecture attentive de certains chapitres et la pertinence de leurs remarques amicales.

Un grand merci à mon époux Stéphane Vanrechem qui m'a apporté un soutien de tous les instants et sans qui ce livre n'aurait pas vu le jour.

Je n'oublie pas non plus mon éditrice, Valérie Rossellini, dont l'enthousiasme et la délicatesse dans son travail d'accompagnement m'ont particulièrement touchée.

Crédits iconographiques

Page 148 : Michel-Ange, *Pietà Rondanini* (sculpture inachevée). Musei del Castello Sforzesco, Milan, Italie © Giancarlo Costa/Bridgeman Images.

Page 244 : Vue de *La Cité idéale*, ou *La Cité de Dieu* (circa 1480-1490), œuvre attribuée à Luciano Laurana. Galerie nationale des Marches, palais ducal d'Urbino, Italie © Bridgeman Images.

Page 249 : Paolo Uccello, *La Chasse de nuit* (circa 1465-1470). Ashmolean Museum, Université d'Oxford, Grande-Bretagne © Ashmolean Museum/Bridgeman Images.

Table

Pour en savoir plus
sur les Éditions Plon
(catalogue, auteurs, vidéos, actualités...),
vous pouvez consulter
www.plon.fr
www.lisez.com

lisez!

et nous suivre sur les réseaux sociaux

Éditions Plon

@ÉditionsPlon

MIXTE
Papier issu de
sources responsables
FSC® C003309

L'éditeur de cet ouvrage s'engage
pour la préservation de l'environnement
et utilise du papier issu de forêts gérées
de manière responsable.

CET OUVRAGE A ÉTÉ ACHEVÉ D'IMPRIMER SUR ROTO-PAGE
PAR L'IMPRIMERIE FLOCH À MAYENNE EN FÉVRIER 2022

N° d'impression : 99884
Imprimé en France